工商资本投资农业的契约选择研究

石　敏◎著

中国农业出版社
北　京

图书在版编目（CIP）数据

工商资本投资农业的契约选择研究 / 石敏著. —北京：中国农业出版社，2022.2
ISBN 978-7-109-29352-6

Ⅰ.①工… Ⅱ.①石… Ⅲ.①商业资本—农业投资—研究—中国 Ⅳ.①F323.9

中国版本图书馆 CIP 数据核字（2022）第 066521 号

中国农业出版社出版
地址：北京市朝阳区麦子店街 18 号楼
邮编：100125
责任编辑：王秀田
版式设计：杜　然　　责任校对：周丽芳
印刷：北京中兴印刷有限公司
版次：2022 年 2 月第 1 版
印次：2022 年 2 月北京第 1 次印刷
发行：新华书店北京发行所
开本：700mm×1000mm　1/16
印张：11.25
字数：210 千字
定价：68.00 元

本书是国家社会科学基金项目“完善我国工商资本投资现代农业发展的政策体系研究”(编号：14BJY122)、广东省哲学社会科学基金项目“我国南方稻农直播技术采用及其效率研究”(项目编号：GD20CYJ12)、广东省基础与应用基础研究基金面上项目“广东水稻种植户应对气候灾害的技术采用及效果评估研究——以‘三控’施肥技术为例”(项目编号：2022A1515011049）和广东省财政专项资金项目“普惠金融与‘三农’经济研究”（项目编号：GDZXZJSCAU202054）的阶段性成果。

前言

近年来，针对发展现代农业资金不足的问题，中央不仅提出要不断加大财政支农力度、完善农业支持保护制度、构建“三农”投入增长长效机制，还提出鼓励社会力量投向“三农”，形成多元投资和发展“三农”的格局。社会力量尤其是工商资本将资金、管理、技术、知识等现代生产要素以资本为载体进入农业和农村，与土地结合，有助于将传统的低效农业改造为现代高效农业。

由此，2013年中央1号文件首次提出，“鼓励和引导工商资本到农村发展适合企业化经营的种养业”。接着党的十八届三中全会强调鼓励工商资本“向农业输入现代生产要素和经营模式”。2016年中央1号文件再次强调“鼓励和引导工商资本更多投向农业农村”。党的十九大报告提出实施乡村振兴战略《乡村振兴战略规划（2018—2022年）》，突出了工商资本在壮大新型农业经营主体、激发农村创新创业活力、鼓励社会人才投身乡村建设、引导和撬动社会资本投向农村方面的重要作用。

实践中，工商资本进入农业的步伐明显加快，参与土地流转的规模快速增长，“资本下乡”已经成为普遍现象。在投资农业过程中，部分投资者因看到他人获利而盲从进入，但他们对农业投资的复杂性、长期性等认识不足，对投资经营环境的了解不够，无法妥善处理与农户之间的关系，导致投资失败、撤资退出的现象时有发生，进而对农业生产、农村社区以及农民生活造成不利影响。那么，探究工商资本投资农业的内在机理，科学判断工商资本投资农业对“三农”的影响，引导工商资本投资农业、促进农村发展，具有重要的研究意义。

工商资本的进入，引起农业生产要素的重新配置，进而引起农业生产组织形式的变革以及为现代农业发展带来更加深远的影响。在这个过程中，工商资本必然与农户发生各种联结，其中包括生产要素和产品的交易关系，而每一项交易背后都有相应的契约支持。鉴于此，本书基于不完全契约的视角，研究工商资本投资农业的契约选择。

本书的核心研究内容包括：①识别工商资本投资农业契约选择的影响因素。工商资本投资农业受多方面因素的影响，本书在不完全契约理论基础上，构建交易费用、生产成本和组织成本影响契约选择的分析框架，并基于企业问卷调查数据，利用 Ordered Logit Model 计量方法，分析交易特性、农产品质量、企业资源禀赋、市场风险和交易环境对工商资本契约选择的影响。②考察农户对工商资本的合作响应行为。基于农户行为理论分析框架，基于农户问卷调查数据，利用 Binary Logit 和 Multinomial Logit Model 计量方法，分析农户的合作行为、合作意愿和期望契约模式选择对不同契约模式的工商资本投资农业的影响。③提出有效监管和引导工商资本发展现代农业的政策建议。

本书的结论如下：①工商资本投资农业是普遍现象，政策利好、资源吸引、农产品价格上涨、二、三产业资金寻找出路、企业多元化发展战略是投资的动机，农业产业区是其产地选择的基础，经济作物是其首要选择的产业，高附加值农产品是其主要选择产品。工商资本投资农业的正向作用和负向影响共存。②目前，工商资本与农户联结以要素契约为主，以商品契约作为补充。工商资本投资农业选择的契约模式不同，对农业、农村和农民的影响不同。商品契约下，工商资本起带动农户发展的作用，嵌入合作社时，更有利于提高农户组织化程度和谈判力；要素契约下，工商资本引入技术、资金和管理经验，生产高质量农产品，促进农业转型升级，但是涉及土地流转和使用用途改变问题，在发展农业的同时也有可能会对农户造成危害。③影响工商资本投资农业的契约选择的因素分为五大类：交易特性、农产品质量、企业资源禀赋、市场风险和交易环境。资产专用性投资越大、农产品质量要求越高、投资规模越大、项目地的自来水和网络基础设施越完善，工商资本越倾向于选择要素契约；拥有技术优势的工商资本倾向于选择商品契约；农业补贴政策和市场价格波动与工商资本契约选择并没有显著相关性。④农户与工商资本的合作行为受自身生产特征和工商资本支持行为的影响。就农户的合作意愿而言，大部分农户表示愿意与工商资本合作。与要素契约相比较，商品契约下农户合作意愿较高。农户的合作意愿受人口特征和生产特征影响，不受工商资本特征和制度环境影响。农户对工商资本投资农业的评价较高，认为其能提高农民收入、带动当地相关产业发展。但是，农户并不支持工商资本对生产要素的整合，例如土地流转。

本书以笔者博士学位论文为核心内容修改而成。博士学位论文写作期间，从选题、设计论证到修改定稿，导师李大胜教授都给予了细心的指导和帮助，尤其是调研方案的设计、问卷调查的安排和实施，导师给予了极大的帮助和支持。学位论文写作过程中还得到谭砚文教授、米运生教授、李琴教授、余建斌副研究员、李胜文副教授、陈风波副教授的悉心指导和帮助。在论文开题和预答辩过程中，罗明忠教授、钟甫宁教授、林家宝教授、何勤英教授、姜百臣教授、胡新艳教授、欧晓明教授等给予了非常好的意见，尤其是罗明忠教授在笔者的论文上画满了标记和修改意见。另外，实地调研得到了很多人的帮助。尤其在完成企业问卷调查过程中，部分地方干部帮忙联系、开车带路，甚至陪着笔者连续一周在各县区调研。感谢梅州市农业局刘玉涛局长、罗宏炼主任、卓敏华同志；感谢广东省审计厅欧向东副处长、韶关市农业局罗韶明同志；感谢原广东省委农村工作办公室廖纪坤二级巡视员、林主伟处长、孙雨才副处长、孙多山副处长。同时感谢华南农业大学经济管理学院罗军副书记、李鎏博士在农户问卷调查中的支持，以及邵爽、刘祎、黄修杰、刘诗雅、何兆恒、谷丰、王蓓欣、黄龙标等同门兄弟姐妹在调研和学习中给予的帮助与支持。

由于笔者水平有限，编写时间仓促，书中遗漏和不足之处在所难免，恳请广大读者批评指正。

石　敏

2021年11月7日

目 录

第1章 导　　论

1.1 选题背景与问题提出

近年来，针对发展现代农业资金不足的问题，中央不仅提出要不断加大财政支农力度、完善农业支持保护制度、构建“三农”投入增长长效机制，还提出鼓励社会力量投向“三农”，形成多元投资和发展“三农”的格局。社会力量尤其是工商资本将资金、管理、技术、知识等现代生产要素以资本为载体进入农业和农村，与土地结合，有助于将传统的低效农业改造为现代高效农业。

由此，2013 年中央 1 号文件首次提出：“鼓励和引导工商资本到农村发展适合企业化经营的种养业。”党的十八届三中全会强调鼓励工商资本“向农业输入现代生产要素和经营模式”。2016 年中央 1 号文件再次强调“鼓励和引导工商资本更多投向农业农村”。2017 年中央农村工作会议提出了关于“三农”工作新理念新思想新战略，首次提出走中国特色社会主义乡村振兴道路。党的十九大报告提出了实施乡村振兴战略，2018 年中共中央、国务院印发的《乡村振兴战略规划（2018—2022 年）》指明了实施乡村振兴战略的方向，突出了工商资本在壮大新型农业经营主体、激发农村创新创业活力、鼓励社会人才投身乡村建设、引导和撬动社会资本投向农村方面的重要作用。中央农村工作会议强调“走中国特色社会主义乡村振兴道路，必须重塑城乡关系，走城乡融合发展之路”。在上述政策背景下，工商资本从城市进入农村、从非农业流入农业，成为乡村振兴的重要力量。民间资本、工商资本和外商资本是农业开发融资的重要手段和途径（马九杰，2013），与此同时，工业反哺农业、城市支持农村的最佳选择莫过于城镇工商资本投资农业和支持农村建设（蒋云贵，2014）。工商资本投资农业一方面可以为农村与农业注入资金、工业管理理念、营销手段、人才与科学技术等；另一方面可以促进农民就业增收（侯江华，2015）。

实践中，工商资本进入农业领域的步伐也明显加快，参与土地流转的规模快速增长，“资本下乡”已经成为普遍现象（郭亮，2011；周飞舟、王绍琛，

2015)。在这一过程中，部分投资者因看到他人获利而盲从进入，但他们对农业投资的复杂性、长期性等认识不足（谢天成等，2015），对投资经营环境的不够了解，无法妥善处理与农户之间的关系，导致投资失败、撤资退出的现象时有发生（陈靖，2013；谢天成等，2015），进而对农业生产、农村社区以及农民生活造成不利影响。

与实践情况比较而言，学术界对工商资本投资农业的研究相对滞后。多数研究成果还仅仅停留在对工商资本投资农业现状的描述、对具体个案研究的逻辑推演，针对工商资本投资农业的内在机理研究十分有限。少数学者从工商资本发展农业的组织模式出发（陈靖，2013；贺军伟等，2013；蒋云贵，2013；张红宇等，2014；张尊帅，2013），意欲探究工商资本投资农业的规律，如张红宇（2014）调研了联想佳沃带动猕猴桃产业化经营，探讨了其多元化发展模式，可惜的是仍然缺乏理论深度和实证证据。

工商资本投资农业，引起农业生产要素重新配置，进而引起农业生产组织形式变革，为现代农业发展带来更加深远的影响。在这个过程中，工商资本必然与农户发生各种联结，其中包括生产要素和产品的交易关系，而每一项交易背后都有相应的契约支持。厘清现象背后的契约关系，可以研究工商资本投资农业的内在机理，进而判断工商资本投资农业的影响。为此，本研究基于不完全契约视角，对工商资本投资农业进行补充研究。

1.2 研究目的与意义

1.2.1 研究目的

围绕工商资本投资农业实践中存在的问题，本研究从契约模式出发，研究工商资本投资农业的契约选择及其影响因素，研究目的在于探求工商资本投资农业的内在机理。具体而言，本研究的目的主要有以下四个方面：

第一，以工商资本为调研对象进行半开放式访谈，在大量调研基础上总结工商资本投资农业的现状及特征，并结合有关理论和相关研究基础对工商资本投资农业的契约模式进行界定和分类，形成工商资本投资农业契约模式的定性分析。

第二，基于交易费用经济学的理论工具，从理论层面对工商资本投资农业的契约选择展开分析，构建理论分析框架，探究交易成本和组织成本影响工商资本投资农业契约选择的内在机理。

第三，实证分析并识别契约选择的影响因素。基于本研究调研获得的企业问卷调查数据，利用 Ordered Logit Model 计量方法，识别工商资本投资农业契约选择的影响因素。

第四，从微观农户对工商资本合作响应的视角，考察工商资本对农业、农村和农民的影响。基于农户合作行为理论，利用调研获得的农户问卷调查数据，考察农户与工商资本的合作行为和合作意愿、农户契约模式选择意愿及其影响因素，从而探究工商资本对农民、农业和农村带来的影响。最终目的在于促使政府部门在引导工商资本投资农业的过程中，关注农户需求和维护农民利益，进而实现农业发展、农民增收和农村社会稳定的多重目标。

1.2.2 研究意义

通过对工商资本投资农业的相关企业负责人、专业合作社社长、村委会干部和农户进行实地访谈，对现有文献和理论进行梳理，在实践基础上进行理论分析并实证检验，分析工商资本投资农业的契约选择，以及农户对工商资本的合作响应。本研究具有重要的理论意义和现实意义。

（1）理论意义

本研究从工商资本和农户两个角度出发，一方面，基于交易费用经济学，构建组织成本和交易成本影响工商资本投资农业契约选择的分析框架，探究工商资本投资农业的内在机理；另一方面，基于农户行为理论，从农户人口特征、家庭生产禀赋、合作对象（工商资本）和外部环境，分析农户对工商资本的合作行为、合作意愿和契约选择意愿。基于此，本研究的理论意义在于：一方面探究工商资本投资农业实践和存在问题背后的深层次原因，将交易费用经济学应用于资金、技术、劳动力跨界资源配置研究的应用，提升工商资本投资农业的理论研究深度；另一方面将农户的合作意愿作为农户行为的重要内容，加深农户行为理论在农业经济领域的应用。

（2）现实意义

工商资本投资农业是农业生产经营方式转变的现实需要，可以为农业注入资金流、技术流等。当前，工商资本投资农业的力度不断加大，但由于对农业缺乏深刻认识，照搬模式、盲目跟风致使投资失败的现象频发。工商资本投资农业一旦陷入困境，不仅造成农业生产损失、农业资源损害，还会对农户收入乃至生计造成巨大威胁。为充分发挥工商资本投资农业的积极作用，亟须优化工商资本投资农业相关政策。本研究的现实意义在于，对政府出台监管和引导工商资本投资农业的政策提供依据，发挥工商资本向农业输入现代农业生产要素的积极作用，缓解农业投资不足问题。

1.3 研究内容

本研究以工商资本发展现代农业的调研和采集数据为支撑，以契约理论、产权理论、交易费用经济学和农户行为理论等相关知识为理论框架，围绕工商资本投资农业的契约选择及其影响因素，以及农户与工商资本的合作行为、合作意愿和期望的合作契约模式，探究有效引导工商资本投资农业、促进农业现代化发展的有效路径，从而为国家出台工商资本投资农业的政策提供参考依据。本书共分为 8 章，具体内容安排如下：

第 1 章为导论。主要介绍研究背景与问题提出、研究目的与意义、采用的研究方法，制定研究技术路线及整体研究框架，说明实地调研情况、数据来源及获取途径。

第 2 章，相关概念界定与文献综述。首先，界定工商资本、工商资本投资农业和契约选择等核心概念；接着，比较工商资本和农业企业的异同，从而深刻地阐释工商资本的内涵；最后，对农业产业化经营中契约关系、工商资本投资农业以及农户行为选择和意愿相关研究的已有成果进行评述，确定本书重点关注的问题。

第 3 章，理论基础和分析框架。首先，梳理与本书密切相关的理论基础，包括不完全契约理论的发展、不完全契约理论与企业理论以及新产业组织理论，形成工商资本投资农业契约选择的理论分析框架；接着，阐述工商资本契约选择的内在机理，并构建理论分析框架；最后，进行工商资本投资农业的数理推导，进而提出理论假说。

第 4 章，工商资本投资农业相关政策变迁与发展现状。具体内容主要分为两部分，一是梳理工商资本投资农业的相关政策变迁，包括工商资本流转土地和推动农业产业化发展的相关政策；二是基于云南、广东和湖北三省的调研，从工商资本投资农业的动机、路径、作用、制约因素和存在的问题，分析工商资本投资农业的现状。

第 5 章，工商资本投资农业的契约模式及比较。首先，基于交易成本经济学和已有文献，阐释商品契约和要素契约两种工商资本投资农业契约模式的内涵；其次，分析商品契约和要素契约的主要组织形式及其衍生组织形式，阐述他们的特征；最后，将两种契约模式进行比较分析。

第 6 章，工商资本投资农业契约选择的影响因素分析。利用广东、云南和湖北三省的问卷调查数据，采用 Ordered Logit Model 方法，进行实证分析，识别工商资本投资农业契约选择的影响因素，并验证上文的理论假说。

第 7 章，农户对工商资本投资农业的合作响应。首先，基于农户合作行为理论，构建农户对工商资本投资农业的合作行为、合作意愿及契约模式选择的理论分析框架，并进行逻辑推演，继而提出理论假说；其次，基于本研究调研获得的农户问卷调查数据，利用 Binary Logit Model 考察农户的合作行为和合作意愿及其影响因素，并利用 Multinomial Logit Model 考察农户契约选择意愿及其影响因素；接着，进一步思考和归纳农户在工商资本投资农业过程中关注的问题，并考察其优先序选择。

第 8 章，结论与展望。归纳本书的研究结论，并提出针对性的政策建议。最后，提出本书的不足之处及研究展望。

1.4 研究方法与技术路线

本书的理论研究主要采用归纳、演绎的方法。实证研究使用的方法主要有：

（1）问卷调查法

本书采用问卷调查法来获得数据，作为实证研究的主要来源。本研究组织调研团队，进行实地调研，与采访对象就问卷内容进行面对面访谈，以获得相关问卷调查数据。问卷调查包括预调研和正式调研两个步骤。首先，采用重点调查方法选取调研样本进行试调研，并针对实际情况不断完善调研问卷；接下来，开展正式问卷调查，通过“一对一”入户访谈的方式，分别获取工商资本（企业、组织或者个人）和农户的两种调研数据。

（2）比较分析法

本书采用比较分析法进行定性研究，清晰界定核心概念。主要应用以下 3 个内容：①对比分析工商资本投资农业不同契约模式的特征，作为工商资本契约选择的基础；②比较工商资本和农业企业的共同点和不同点，以刻画工商资本的特征，阐述其概念和内涵；③对比分析农户与工商资本的合作行为和合作意愿。

（3）计量分析法

首先，利用平均数、标准差、最大值、最小值等统计方法，对调研数据进行描述性统计分析，阐述工商资本投资农业的现状以及调研农户的基本情况；其次，在对调研数据进行统计分析的基础上，采用 Ordered Logit Model，分析交易特性、农产品质量和产品差别、企业资源禀赋、市场风险和交易环境对工商资本投资农业的影响；最后，采用 Binary Logit Model 和 Multinomial

Logit Model 考察农户对工商资本的合作行为、合作意愿和契约选择意愿及其影响因素。

本研究的技术路线如图 1-1 所示。

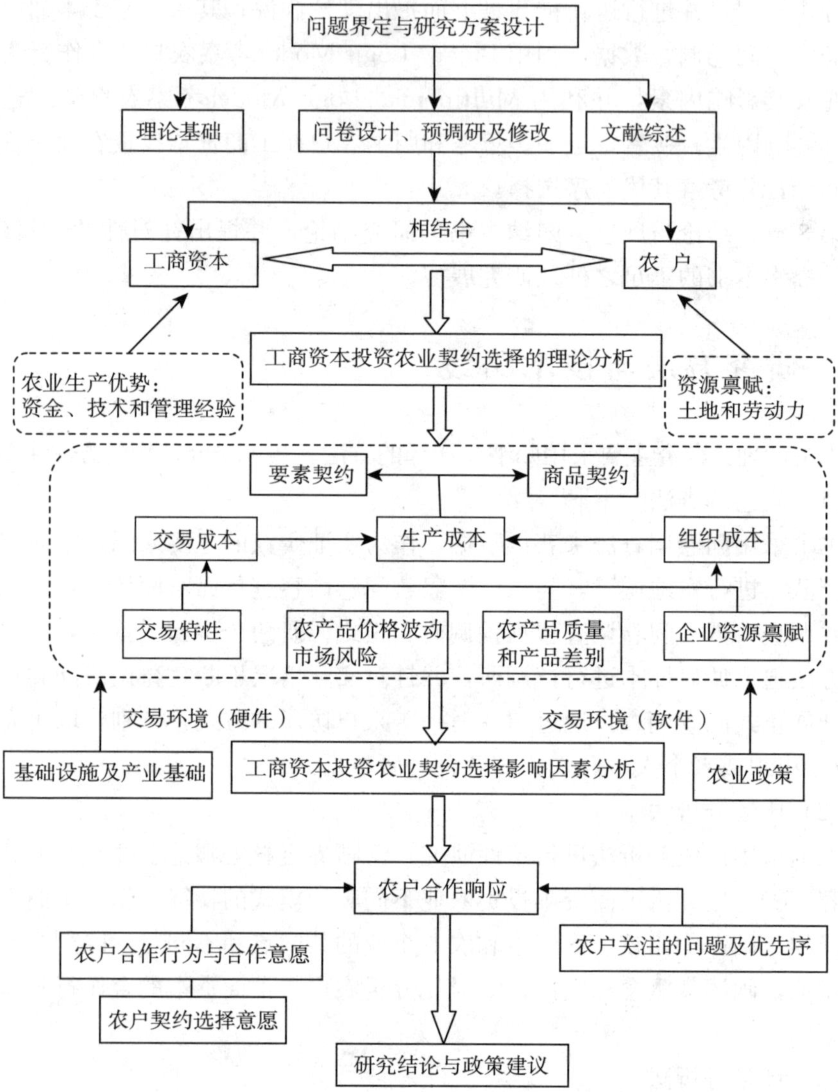

图 1-1 研究技术路线

1.5 实地调研情况及数据说明

本书选择广东、江苏、湖北和云南 4 省部分市县，开展时间跨度长达一年多的实地调研，掌握了大量实地调研数据。实地调研可以分为以下三个阶段：第一阶段是2015年4月、7月和11月在广东省广州市、梅州市和韶关市，与企业负责人、当地农业局干部、村委会和农户进行访谈，这一阶段调研的目的在于把握工商资本投资农业现状，发现存在的问题，并形成针对企业（或者组织、个人）和农户两种访谈对象的调查问卷。第二阶段是问卷预调查，2016年4月和5月在江苏省淮安市走访20余家企业，进行试调研，并根据调研对象反馈，修正问卷中相关题项的表达方式和选项设置，完善问卷。第三阶段是正式问卷调查阶段，为获取大量的问卷调查数据，本研究组织的调研活动主要有以下四项（前三项的具体调研情况详见表1-1）：①2016年5月在湖北省鄂州市调研，获得企业问卷16份。②2016年6月至7月在云南省6县进行问卷调查，获得企业问卷66份、农户问卷64份。③2016年11月在广东省内调研，获得企业问卷38份、农户问卷12份。④部分农户问卷通过招募学生在生源地进行问卷调查获得。2016年，招募了华南农业大学26名本科生进行培训，利用他们暑假回生源地的机会进行问卷调查，获得有效农户问卷142份。

表1-1 实地调研情况

时间	调研省份	调研市	调研目的
2015年4月	广东省	广州市	找到研究的切入点，构建研究框架，形成企业和农户的调查问卷
2015年7月	广东省	梅州市	
2015年11月	广东省	韶关市	
2016年4月和5月	江苏省	淮安市	问卷试调研
2016年5月	湖北省	鄂州市	问卷调研，收集数据
2016年6至7月	云南省	弥勒市	
		昆明市	
		玉溪市	
		楚雄州	
		大理州	
2016年11月	广东省	梅州市	

经过历时一年多的实地调研，本研究共获得有效企业问卷120份、农户问卷218份。以上问卷是本研究的主要数据来源和研究基础。

1.5.1 调研样本企业来源地情况说明

调研的企业样本主要来自广东、江苏、湖北和云南4省，以下就4省的调研情况进行分类说明。

第一，广东省与江苏省调研情况。因种植业与土地资源密切相关，为此，本研究将广东省以农业大市粤东地区的梅州与粤北地区的韶关作为主要调研地点，按照杜能的农业区位理论选择近市区与远离市区的区县作为调研样本取样地，韶关选择近市区的曲江区以及远离市区的始兴县，在梅州选择近市区的梅县区、梅江区以及远离市区的大埔县。江苏省则选择中部农业发达的淮安市作为调研地，并选取淮阴区以及远离市区的盱眙县与涟水县作为调研地。

第二，湖北省调研情况。湖北省主要选择地处东南部的鄂州市作为调研地。首先，鄂州市农业试点较多，地貌特征多样，平原与丘陵并存，企业从事种植业的多样化程度较高，涉及水果、蔬菜、粮食等多领域。其次，鄂州市农业相对发达，城市区位功能划分完善，城区鄂城区主要以工商业为主，梁子湖区以生态农业为主，华容区则定位为工农结合。因此，选择具有代表性的鄂州作为调研地，且选择的样本企业覆盖全市三个区。

第三，云南省调研情况。云南省地处高原，海拔差异较大，各地市州农业差异较大。为全面了解云南省农业情况，本研究依据云南省气候特色以及经济发展情况并结合云南省林业厅建议，选择昆明市禄劝县与宜良县、红河州弥勒市与红河县、玉溪市易门县、楚雄州南华县与大理州永平县作为调研地。相较其他省份，本研究在云南省选取样本区县较多，地域范围涵盖了滇中、滇南与滇西，纬度则从低纬度向高纬度渐进，海拔则也涵盖低海拔地区与高海拔地区。因此，所选调研区县基本能反映云南省农业种植业概况。

1.5.2 调研农户样本来源说明

结合企业调研，本研究对农户也进行了访谈，农户问卷获取主要来自正式问卷调查阶段，经过 2016 年 6—7 月、11 月的广泛调研，最终获得农户调研问卷共 218 份，其中来自广东省 143，云南省 64 份，其他 11 份。

调查数据主要来自广东省和云南省，广东省经济较发达但农业资源缺乏，云南省经济欠发达但农业资源较丰富，前者作为发达地区代表，后者作为欠发达地区代表，两省农户对工商资本投资农业的合作响应更具研究价值。

云南省农户问卷调查的选样原则与企业问卷调查一致，调研组一方面与工商资本企业负责人访谈，另一方面随机走访当地农户，完成农户问卷调研。而广东省的农户调研的样本选择按照粤东、西、北三大区域，随机选择 2～3 个县，每个县完成十余个样本农户调研。

1.6　本书的创新

本书在以下两个方面有创新：

（1）研究视角的创新

现有研究大多从工商资本的角度出发，考虑其行为和决策，然而，农户作为工商资本投资过程中的重要合作对象，其合作行为、意愿、满意度和相关利益保护被严重忽视了，鲜有学者从微观农户的视角审视工商资本对农村、农业和农民带来的影响。本研究不仅把工商资本作为主要研究对象和资源所有者，还从农户视角进行补充研究，考察农户在工商资本发展农业过程中的合作行为、合作意愿及契约选择意愿，以此考察工商资本投资农业对“三农”的影响，并作为判断工商资本投资农业利弊的标准，有助于解决学界关于是否限制工商资本投资农业、引导何种模式工商资本投资农业的问题。相关结论为政府部门引导工商资本投资发展现代农业提供决策参考。

（2）研究切入点的创新

从既有研究来看，学者们关注工商资本投资对农业生产效率、农业生产组织、与农户的合作关系、土地流转问题、土地流转过程中农户的利益、工商资本对农村自治和社会治理的影响、基层政府和自治组织以及农民的权力变化等问题。以上问题均可以概括为工商资本与农户交易关系（包括生产要素和产品），以及各种交易带来的影响。本书首次从契约关系的视角，分析工商资本投资农业的交易关系，通过生产成本、交易费用和组织成本分析工具，来讨论工商资本投资农业的契约选择及其影响因素。

第2章　相关概念界定与文献综述

本章内容分为两部分。第一，对本书的相关概念，如工商资本、工商资本投资农业和契约选择等进行明确的界定，可以限定本研究边界，以达到本研究的目标。第二，进行文献综述，总结前人关于农业契约和工商资本投资农业的相关研究，可以为本研究提供分析视角。以上两部分内容为有效开展本研究提供了基础与保障。

2.1　核心概念界定

本书以“工商资本投资农业的契约选择”为研究主题，重点探讨工商资本选择不同契约的内在机理，以及农户的合作行为、合作意愿以及契约选择意愿。在进行现状分析、理论框架构建和实证检验之前，本节将对涉及的核心概念进行界定，这一方面有助于明确研究的边界，另一方面也可以避免由于文字表达不明确而产生的歧义。本节涉及的需要明确界定的核心概念主要包括工商资本与契约，以及他们的内涵及类别。

2.1.1　工商资本概念界定、内涵和类别

（1）工商资本的概念界定与内涵

“工商资本”概念虽然广泛用于各种媒体报道和政府文件，但是该概念缺乏严谨且清晰的界定。学术界对“工商资本”概念没有统一和权威性的界定，学者们按研究需要对其进行简单定义，甚至直接使用。下文将对“工商资本”的来源、应用及相关概念进行梳理。

首先，工商资本是一个历史范畴的概念，在不同的历史时期有不同的含义。在封建社会“士农工商”的“工”和“商”是最早工商资本的雏形。近代以来，由于产业分工不断细化，工商资本涉及的领域和范围也随之扩大。中华人民共和国成立以来的三个阶段使“工商资本”的范畴和含义更加广泛，一是中华人民共和国成立初期的公私合营、赎买等社会主义建设阶段；二是改革开

放阶段；三是以多种所有制形式并存的民营经济快速发展社会主义市场经济体制建设阶段（任晓娜等，2015）。

其次，“工商资本”大量出现在各级政府的重要政策文件中。例如，2013年和2016年的中央1号文件直接使用了“工商资本”概念。前者首次提出：“鼓励和引导工商资本到农村发展适合企业化经营的种养业”；后者再次强调“鼓励和引导工商资本更多投向农业农村”。党的十八届三中全会也强调鼓励工商资本“向农业输入现代生产要素和经营模式”。在2018年中共中央、国务院印发的《乡村振兴战略规划（2018—2022年）》也提及工商资本的重要作用。

再次，“工商资本”早期少量出现在应用研究文献，近10年随着国家对“三农”投资需求的重视及工商资本大量进入农业的客观存在，相关研究逐渐增多，尤其是社会学和应用经济学对其进行了大量研究。然而，在大部分文献中，学者们对“工商资本”概念直接应用。少部分学者阐释了“工商资本”内涵，认为工商资本泛指第二、第三产业范围内的生产经营资本，主要包括制造业、建筑业、采矿业、商贸流通、房地产、金融等领域内的资金；从来源上，可以分为城市工商资本和农村自有工商资本积累（任晓娜等，2015）。也有部分学者使用相关衍生概念，如“工商资本流入农业”“资本下乡”，并对他们进行了界定。“工商资本流入农业”是指企业法人直接投资农村和农业的农业企业及涉农企业（马九杰等，2004）。“资本下乡”是将资金、管理、技术、知识等现代生产要素以资本为载体进入农村，与土地结合，从而将传统的低效农业改造为现代高效农业（徐勇，2002）。

笔者在外文文献检索过程中，没有发现与“工商资本”非常一致的概念，但是有一个较为相关的概念“农工商综合体”（Agribusiness），是指农工商一体化的综合经济实体或紧密程度不同的经济联合体，它的特点在于把农业生产本身同农用生产资料的生产和供应或农产品的加工、销售过程中的若干环节，纳入统一的综合体。综合体实行统一核算，形成完全垂直一体化的综合经营。这种方式主要是由工商企业渗透到农业中，通过流转土地或者吸纳土地入股的方式来实现的（郭晓鸣等，2007；张学鹏，2011；赵慧峰等，2002）。

本研究借鉴国内学者对“工商资本”内涵解读以及外文文献对“农工商综合体”的阐释，将“工商资本”定义为在工业和商业发展中积累的资本，现在直接投资农业的主体，包括工商业企业、外出返乡创业的农村精英和个体工商户等。

（2）工商资本的类别

投资农业的工商资本有很强的异质性，其种类多种多样。按照工商资本过去和现在所从事的产业类型或生产环节的不同阶段，可以划分为以下三种类别：

①农业产业链延伸型。该类型工商资本是指原从事与农业相关、但不直接进行农业生产的企业或个体，后改变经营策略，延伸产业链而直接参与农业生产。具体包括两种，第一种是前向一体化型，是指原从事购买和加工农产品等非农业领域的公司，如从事蔬菜、水果的批发公司和零售商业公司、从事农产品加工的企业等，直接进入农业生产；第二种是后向一体化型，是指原从事各种农资供应的企业，如饲料部门、化工部门、农业机械制造部门的企业，进入农业生产领域。农业产业链延伸型工商资本具有一个重要的特征，就是工商资本直接或间接参与了产业链多个环节，如投入品生产、农业生产、加工、销售等环节，并签订了大量的各环节间，尤其直接相关环节的契约。

②产业融合型。该类型工商资本原从事非农行业，后利用所在产业的优势以新方法、新思维，投资和发展现代农业。例如，原从事广告和营销服务业的企业投资农业生产，可以发挥原有的营销优势，拓宽农产品的销售渠道。

③技术型。该类型工商资本原从事技术开发和应用，利用自身先进技术优势，将业务拓展至农业生产。工商资本通过先进的信息、生物、航天、互联网等技术对农业进行有机渗透，形成信息农业、生物农业、太空农业、“互联网+”农业等新兴业态。例如，本研究调研的一家企业原在深圳市从事农产品无公害认证，后在广东省北部的韶关市流转土地种植有机蔬菜。

（3）工商资本投资农业的范围界定

农业可以分为广义农业和狭义农业，前者包括种植业、林业、畜牧业、渔业和副业，后者主要指种植业。由于畜牧业目前已形成规模化、工厂化、标准化养殖，大量非农资本已经进入，而且与农民收入和农地利用没有密不可分的关系，因此讨论工商资本进入畜牧业的意义并不是非常重要。类似地，工商资本投资渔业和副业也不在本研究的讨论之列。本研究对农业的界定是指以种植业为主的农业细分产业，还包括部分与土地密切相关的林业产业及林下经济产业。本研究关注工商资本投资的农业细分产业，而且与农民和农地息息相关，因此将农业产业聚焦到种植业和林业，包括粮食作物、园艺作物、当地农业特色产业（药材、农药）等。具体的产品品种主要有粮油作物、瓜、果、蔬菜、花木、食用菌、药材、毛茶、林业产品、坚果等①。

① 产品品种对照《国民经济行业分类》（GB/T 4754—2011）中的 01－04 大类和 13 大类的行业所生产或加工后的产品。

2.1.2 契约的概念和内涵

契约明确约定农业参与各方的责任、权力和利益，从而有利于实现缔约各方的共赢。契约在农业产业化经营的典型形式主要体现为企业与农户之间的合作关系，因此又称为“农业契约”。企业和农户作为农业经营主体，前者具有异质性特征且拥有专用性资产，后者具有同质性特征且拥有土地，两者占有的要素资源具有高度互补性，以致双方的合作带来效率改进并获得互利的合作盈余或者剩余增量。在两者联结过程中，形成了紧密型或者松散型契约，并根据生产要素和产品的不同组合，形成了不同的契约模式以及相关衍生组织形式。

许多学者对农业契约进行了分类。按企业和农户利益联结方式，分为商品契约和要素契约（周立群、曹利群，2002）；按合同的性质，分为产品销售契约和生产契约（蔡荣、蔡书凯，2013）；根据产品特性和交易特征，分为市场交易、松散型、紧密型和企业等（万俊毅，2008）；根据产权归属和博弈期两个维度，分为“农户＋市场”或者单期的“企业＋农户”模式“企业＋农户”模式和“企业＋农场”（聂辉华，2013）；从生产和加工阶段的投资决策角度，分为农户支配型、加工者（公司）支配型和各自支配型（黄祖辉、王祖锁，2002）。

本研究借鉴学者们对农业契约分类，并结合本书研究主题，将农业契约分为商品契约和要素契约。在商品契约中，龙头企业和农户都是独立的市场主体，农户家庭仍拥有对生产的部分剩余控制权，并且在生产过程中不存在外部的监督者。商品契约最简单的形式是龙头企业与农户签订合同，并按照市场价格收购农产品。比较复杂的商品契约可能会规定最低保护价或者规定契约收购价格高于市场价格的比例，企业也可能按照契约要求提供一定的技术或者生产资料。要素契约主要体现为“反租倒包”，是指企业先租用农户现有的土地使用权，再把依附于土地上的农民变为土地上的工人。企业拥有完全的剩余索取权和剩余控制权。企业雇用农民进行耕作等生产，在监督的基础上确定其工资水平（周立群、曹利群，2002）。商品契约具体组织形式主要有“公司＋农户”，衍生组织形式为“公司＋合作社＋农户”；要素契约主要为“公司＋农场”组织形式。

为了进一步细化农业契约的异质性，在实证研究中，一般用契约强度的大小来对农业契约进行分类。就商品契约和要素契约比较而言，要素契约中企业对资源和农户的控制较强，因此我们认为要素契约的强度较强；而商品契约中企业对资源和农户的控制较弱，企业与农户之间的契约关系较为松散，因此我们认为商品契约的强度较弱。对具体的契约强度量化而言，契约强度取值为0至1，表示契约强度从弱到强，0表示契约强度最弱，1表示契约强度最强。本研究定义的契约选择是指工商资本对不同农业契约模式的选择、对不同具体组织形式的选择以及对不同契约强度的选择。

2.2 工商资本与农业企业的比较

通过梳理已有文献，并结合本研究针对工商资本投资农业情况的实地调研，本节对工商资本与农业企业进行比较，可以更深刻地刻画工商资本的特征。在上文的核心概念界定中，本研究将“工商资本”定义为在工业和商业发展中积累的资本形成直接投资农业的主体，包括工业企业、农业企业、外出返乡创业的农村精英和个体工商户等。那么，长期在工业和商业发展的工商资本投资农业，与一直根植于农业的企业，有哪些相同点、存在哪些差异。厘清以上问题，有助于深入认识工商资本的本质和特征。

2.2.1 工商资本投资农业与农业企业的相同点

工商资本涵盖的主体多样，包括各类型企业，还有返乡的农村精英和个体工商户。当他们进入农村发展农业，形成农业经营发展策略并具体实施，他们与传统的农业企业存在以下共同点。

（1）逐利性是工商资本与农业企业的本质

逐利性本质是导致工商资本投资农业的重要驱动因素。无论工商资本还是农业企业，首先是一种资本形式，因此，他们都是以营利为目的的组织。企业要生存，首先必须得有利润，无论是马上能实现的，抑或是未来可以获得的。只要有超出平均利润的投资领域，资本就会流向该处。因此，逐利性是资本最重要的本质特征。工商资本预期农业发展大有可为，因此将资金从工商业流转至农业领域，期望在农业获得高额利润。

（2）工商资本与农业企业在发展农业过程中面临相同的制约因素

与制造业和服务业不同，农业产业有其独特性，投资农业也受到该产业特性的制约。下文将从农业的概念出发，阐述农业的特点，继而指出发展农业的制约因素。农业是人类利用太阳能，依靠生物生长发育机能以获取劳动产品的社会物质生产部门。农业最根本的特点是经济再生产与自然再生产过程相互交织。所谓经济再生产，是指社会生产中经济方面的投入和产出周而复始、不断更新，包括物质资料、劳动力和生产关系的再生产。所谓自然再生产，是指生物依靠其新陈代谢机能，借助自然力和外界环境条件，通过生长发育和繁殖等一系列生命活动，使自身不断更新繁衍的过程。在现实的农业生产中，既没有脱离经济再生产的纯自然再生产过程，也没有脱离自然再生产的纯经济再生产过程。另外，农业还有一些其他特点，如：土地不可替代；自然环境因素对农业有较强的影响力；农业生产周期长；农业生产时间和劳动时间不一致；农产品体积大、价值低、易腐烂、难储运；农业生产单位往往是一家一户，等等（钟甫宁，2015）。

农业生产的特点，决定了投资该产业受自然和经济再生产条件制约。再加上，随着现代农业发展，资源制约、经济和社会环境以及政策对农业发展的影响不断加大。当前，无论工商资本还是农业企业，在投资农业过程中面对的问题和制约因素是相同的，均面临着农业风险高、土地资源稀缺、劳动力难以满足需求、金融和政策保险发展滞后、农业基础设施不完善等因素的制约。

2.2.2　工商资本与农业企业投资农业的区别

工商资本与农业企业的资金来源、技术优势、产业环境、产品销售渠道等均存在很大的差别，因此，他们投资农业的模式、战略存在很大区别。基于此，本书从产业融合、企业所处的发展阶段、企业的经营模式三个视角，考察工商资本和农业企业投资农业的区别。

（1）基于产业融合视角

农业企业与工商资本的本质区别在于他们来自不同的产业，前者来自农业产业，后者来自制造业和服务业。随着当今经济社会的不断发展，产业融合已成为产业发展的趋势。农业企业向二、三产业发展，工商资本进入农业，产业之间的界限越来越模糊，但是农业企业和工商资本对产业融合的理解和实践是不相一致的。

一方面，农业企业是基于农业产业，通过不断地延长产业链，来获得农产品更大的价值。具体包括产业链的纵向延长和横向扩展。纵向延长产业链是企业自农业生产开始，向后延展至农产品加工和销售，向前延展至生产资料生产；横向扩展是企业以农业生产为基础，进而利用农业景观和农村生态环境，发展休闲观光农业、餐饮等二、三产业，不断进行产业融合。

另一方面，由于工商资本来自制造业和服务业。在现代商业环境下，工商资本始终处于因时而变、因势而变的情境下，不断调整自身发展战略。此外，动态的战略调整也会促使工商资本不断拓展业务和寻找新发展领域，以寻求高额利润。因此，工商资本自二、三产业拓展至农业的产业融合，是其自身发展战略的调整，这种产业融合是内生的，与生俱来的，由内而外的。另外，与农业企业比较而言，工商资本更加具有产业融合的优势，他们更易于用工业管理理念经营农业，从本质和根源上形成产业融合。

因此，基于产业融合的视角，农业企业和工商资本存在巨大的差异，前者是由内而外融合，后者是由外而内融合。

（2）基于企业所处的发展阶段视角

农业企业和工商资本投资农业在时间上存在先后顺序，前者长期扎根农业领域，后者是新进入者。因此，他们在农业生产领域，所处的阶段是不一样的。

对于农业企业而言，多年扎根农业，已经形成了相对固定的生产和经营模式，形成相对固定的产品，有较为稳定的销售网络和消费群体，处于较为成熟的发展阶段。

对于工商资本而言，不同类别的工商资本投资农业的基础不一样，导致他们所处的发展阶段也不一致。根据上文归纳的工商资本类别，有农业产业链延伸型、产业融合型和技术型。农业产业链延伸型的工商资本由于自身从事农业相关行业多年，对农业有一定的了解，现随着市场需求变化和自身企业发展需要，在上下游寻求发展机遇，因此，易于寻找到自身的农业发展优势，创新发展模式，减少投资农业的盲目性。但是，许多工商资本，尤其是产业融合型工商资本，原从事的行业与农业毫不相关，容易对农业投资过于乐观，进而导致风险认知不足，投资农业存在盲目性。调研中发现，个别工商资本贸然进行全产业链生产，从生产种植到产品加工、销售，同时扩展至休闲观光和饮食娱乐，容易导致投入资金巨大，建设周期长，回报低甚至亏损。

此外，不同类型的工商资本发展农业的结果也是大不相同。部分工商资本投资农业失败，遭市场淘汰退出农业领域；部分工商资本投资农业无利可图，于是利用土地等资源伺机发展非农业；还有一部分工商资本专注于发展农业，并最终蜕变为农业企业。

（3）基于企业经营模式的视角

三大产业的产品，包括农产品、工业产品和服务的生产和销售方式不同，因此，农业企业和工商资本在经营模式上必然存在差异。

农业企业的特点在于沿用较传统的公司经营模式，经营层级较简单。他们利用土地、劳动力的方式较为松散，往往采用“公司＋农户”“公司＋合作社＋农户”等组织形式合作，可以有效带动农户生产、扩大经营规模，因此规模效应、辐射带动作用明显。部分企业成为该产业及地区的农业龙头企业，承担企业社会责任，进而成为带动农民致富的企业标兵。

工商资本的经营管理，尤其在自有基地的情况下，更加多元化且更具有创新性。部分工商资本具有严格公司化特征，公司层级复杂，以工业经营理念设置完善的经营架构。以本研究调研的一个样本企业的农场管理模式为例（图2-1），该公司是个人所有的独资企业，出资人为该农场场主。该农场聘用专门的管理人员构成管理层级，下设日常生产管理人员和技术指导人员，雇用本地农民来完成农业生产任务。这种经营管理模式在从事农业生产中产生了四个人员层级，最高一级是作为出资方的投资者，主要是进行农场生产、销售等运营决策；第二层级是管理者，执行投资者的决策，统筹农场的生产经营；第三层级包括生产管理人员和技术指导人员，通常雇用本地有技术和生产经验的农民；第四层级是雇工，主要雇用本地农民从事非技术性农业生产，在农忙季节增加临时性雇工。该农场的人员分工明确、权责分明，呈现出垂直化的管理层级，具有完善的经营架构。

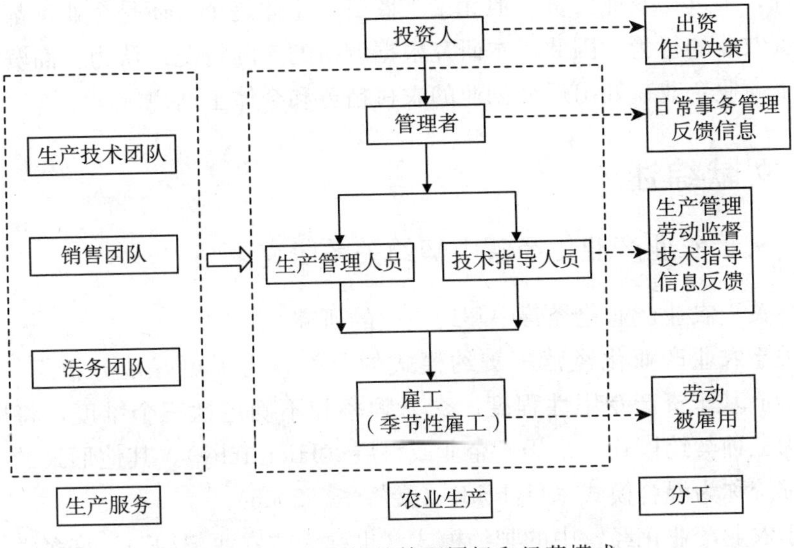

图2-1　某农场的管理层级和经营模式

工商资本在经营方式上也借鉴了很多工业、商业企业的做法，例如在生产服务方面进行外包。部分工商资本通过购买农业生产服务的方式，实现技术、培训、选种等环节外包。本研究调研的企业——万福天实业集体公司，是实现生产服务外包的一个典型代表。由于该公司过去并没有从事农业的经验，为了能快速进入种植水果、药材行业，投资者选择了外来团队对种植项目进行全过程指导。聘请的团队来自中国台湾，大约有 30 人，包括 4 名管理人员和 20 余名生产技术人员。他们带来良种，在当地进行种植和管理，并对该公司的技术人员进行培训和生产指导。在外包团队的帮助下，该公司很快培育了良种，并掌握了种植技术，顺利推进了种植项目。还有一些工商资本根据自己的优势，开发出生产服务项目，不仅仅为本公司服务，而且为果农提供农事服务。例如广东省梅州市的广东梅龙柚果股份有限公司，除了经营自有的 1 000 多亩* 柚子种植基地外，还建成了农业服务超市，为柚子种植合作社社员和当地农户提供农药、化肥、农膜等农资以及柚子种植农事服务。

通过比较工商资本与农业企业的异同，使本研究所界定的“工商资本”概念更加清晰，对研究边界和范围更加明确。首先，工商资本和农业企业两者资本来源的区别，是形成其经营模式、管理理念存在差异的重要原因。因此，我们突出两种资本来源的差异性，将工商资本定义为是在工业和商业发展中积累的资本，现在直接投资农业的主体。其次，结合本研究的调研，发现部分工商资本是工商业企业，也还有一部分为投资农业的个人，这些个人也注册公司或者合作社，来进行农业投资。但无论工商资本主体是个人还是企业，都不影响他们投资农业的行为。因此，本研究根据调研的实际情况，认为工商资本的主体包括工商业企业、外出返乡创业的农村精英和个体工商户等。

2.3 文献综述

2.3.1 关于农业产业化经营中契约关系研究

（1）关于农业产业化经营中契约模式的研究

①关于农业产业化经营中契约模式的分类。为了更好地分析组织形式，Williamson 基于资产专用性程度、交易频率和不确定性三个维度，将所有交易划分为三种契约模式：市场、企业或科层（Hierarchy），其他形式的契约或者交易都统称为混合模式（Hybrid）（聂辉华，2005）。

对于农业产业化经营中的契约模式（也称为“农业契约”），许多学者按不同的标准进行了分类。比较有代表性的研究当属周立群、曹利群（2002）的成果，他们按公司和农户利益联结方式，把农业契约划分为商品契约和要素契约，前者涉及的标的物是企业生产所需的原料农产品，后者是农户的土地承包经营权和劳动力（周立群、曹利群，2002）。还有的学者按合同的性质，把契

* 亩为非法定计量单位，1 亩＝1/15 公顷。

约分为产品销售契约（Marketing Contracts）和生产契约（Production Contracts）两大类（蔡荣、蔡书凯，2013）；把销售契约分为"公司＋农户"合约、一般销售合约和保护性合约三种形式（刘凤芹，2003）；根据纵向一体化的程度，把农业产业化经营组织分为"公司＋农户""公司＋中介组织（合作社、协会、基地）＋农户""农工商企业"和"产销一体的股份合作社"四种主要形式，并将前两者归为准纵向一体化形式，后两者归为纵向一体化形式（高杰，2013）；根据产品特性（绩效评估难度）和交易特征（交易复杂程度），把农业契约划分为市场交易、松散型、紧密型（准一体化）和企业（完全纵向一体化）等类型（万俊毅，2008）；从产权归属和博弈期限两个维度，把企业和农户之间的交易形式分为三种形式，"农户＋市场"或者单期的"企业＋农户""企业＋农户"和"企业＋农场"（聂辉华，2013）；从生产和加工阶段投资决策的角度，把农业契约分为农户支配型（"合作社＋农户"和"专业协会＋农户"）、加工者（公司）支配型（公司办农业模式）和各自支配型（"公司＋农户"）（黄祖辉、王祖锁，2002）；基于肉牛产业链组织模式研究，根据企业和农户的利益关系，把农业契约分为市场交易、契约式、合作式和纵向一体化四种类型（田露等，2010）。

少数学者对工商资本投资农业领域缔结的契约模式进行了分类。贾晋等（2009）认为，工商资本进入农业领域面临三个可选择的路径：一是工商资本以龙头企业的角色进入农业产业化经营，并借助稳定的商品契约模式实现与农民的结合；二是在以上模式的基础上，引入中介组织充当工商资本与农户间交易的中介；三是工商资本通过流转土地使用权，以土地经营者的角色直接进入农地经营，缔结要素契约来配置土地、劳动力等资源，并在统一的指挥和监督下组织农副产品的生产加工。

②关于农业产业化经营中契约模式的研究。关于农业契约模式的研究，大部分学者从具体的产业组织形式进行阐述，因此在归纳学者们的研究时，本研究针对"公司＋农户""公司＋中介组织＋农户"和"公司＋农场"三种主要的组织形式进行阐述，前两者属于商品契约，后者属于要素契约。

模式Ⅰ："公司＋农户"组织形式

"公司＋农户"是一种内涵非常丰富的组织模式，有着多种衍生形式，是农业契约研究的重点。"公司＋农户"属于农产品销售合约，又称为订单农业，是指在农业生产之前，农民与企业或中介组织签订具有法律效力的产销合同，由此约定双方的权利和义务，农民根据合同组织生产农产品，企业或中介组织按合同约定来收购农产品的一种组织经营形式（刘凤芹，2003）。

不少研究者对“公司＋农户”组织形式展开了卓有成效的研究（黄祖辉等，2008；刘凤芹，2003；生秀东，2001；徐忠爱，2008；周立群、曹利群，2002；周立群、曹利群，2001）。学者们从不同的角度对“公司＋农户”组织形式进行了讨论，有的学者从农业产业化组织模式的角度，分析其合作模式和治理（胡新艳等，2009；黄祖辉、王祖锁，2002）；有的学者从农业生产社会化协作的视角，认为其把产销有机结合起来，是协调农民分散经营与社会化大生产矛盾的有效方法（黄志宏，2006；李世杰等，2018）；有的学者从公司与农户的合作紧密程度分析，认为其属于松散型的契约关系（万俊毅，2008；廖祖君、郭晓鸣，2015）。

具体研究内容包括以下几个方面：

第一，“公司＋农户”组织形式的履约率和稳定性及其影响因素。契约不稳定的影响因素包括资产和产品专用性程度、农产品市场的不确定性（李清明、睢党臣，2020）、农户集体行动中的“搭便车”（吴德胜，2008）、行为合同条款的不平等、交易的不确定性和合同执行困难（胡新艳等，2009；吴德胜，2008）等。尹云松等（2003）通过案例分析发现，在“公司＋农户”组织形式下农产品的资产专用性是决定农户履约率的首要因素。孟枫平和尹云松（2004）研究发现，签约产品专用性的强弱影响“公司＋农户”契约稳定性。许芳和陈蕤（2020）认为，企业在遭遇市场风波时，可能会利用权力优势压价或者爽约，为“自保”而将风险转嫁给农民，导致“公司＋农户”签订的契约破裂。

第二，公司和农户的地位以及对合作剩余控制权的支配。公司和农户地位取决于公司所提供的专用性投资和农户所提供的农地使用权在联合生产中的边际效用（邓宏图、王巍，2015）。李昌平（2009）认为，在“公司＋农户”组织形式下，公司主导农业发展，农民依附于公司，前者获得农业产业的大部分利益，后者从农业产业中获得的收益越来越小。

第三，“公司＋农户”组织形式的一体化程度。万俊毅（2008）把一体化程度分为完全一体化与准一体化。在完全一体化模式中，农户生产经营的独立性主体地位不复存在，由企业中的权威配置所有要素，属于完全的企业内交易方式。在准纵向一体化模式中，公司把生产过程明晰地“外包”给了合作农户，要求农户严格按产品标准生产，他们把地点分散的农户自有土地视作生产车间，对其实行准车间化的管理，公司与农户之间的交易实质上是管理交易（万俊毅、欧晓明，2010）。另外，还有学者对“公司＋农户”进行了一些有益的案例探索，如温氏集团契约治理的经验（胡新艳、沈中旭，2009）。

模式Ⅱ："公司＋中介组织＋农户"组织形式

随着农业契约在实践中的广泛应用和发展，人们逐渐在"公司＋农户"传统组织形式的基础上嵌入中介组织，形成了"公司＋合作社＋农户""公司＋种养大户＋农户""公司＋协会＋农户"和"公司＋经纪人＋农户"等商品契约的多种组织形式。"公司＋中介组织＋农户"属于半紧密型合约关系，本质上仍然属于市场交易关系，加入的中介组织充当了起协调作用的第三方，第三方在一定限度上缓解了农业契约履行中的道德风险和机会主义行为，降低了交易费用，增强了公司与农户契约关系的稳定性，提高了农业契约的履约率（田鹏、陈绍军，2016；汤吉军等，2019）。

"企业＋合作社＋农户"组织形式，除了具有"公司＋经纪人或大户＋农户"的优点外，还提高了农户的组织化程度，具有组织内部成员的非正式激励机制和约束机制，能有效解决合作中的机会主义行为和可能出现的逆向选择（蔡荣，2011；郭晓鸣等，2007；万俊毅，2008；王亚飞等，2014）。合作社是中介组织的典型代表，研究者们对其着墨最多。具体研究关注以下几个方面：

第一，公司和农户的控制权及控制力度、剩余索取权及强度。"企业＋合作社＋农户"的缔约结构，如果由企业和农户共同掌握土地使用权和资产控制权，则存在一组由企业和农户（通过合作社）共同决定的机制。但是，这个合作机制中企业和农户并不是平等的，主要体现为企业寻利目标最大化，而且，企业的控制力度大于农户的控制力度（邓宏图等，2020）。至于企业和农户以多大比例来分割控制权和索取权，取决于他们各自占有的专用型资产和土地资本在一体化生产经营中的权重及其产生的边际影响（邓宏图、王巍，2015）。

第二，合作社发挥的功能和作用。缔约合作社后，公司利用合作社与农户的联结关系，强化对农户的监督功能。由此，公司可以分享更多，甚至包括此前没有的合作盈余。而"公司＋合作社＋农户"强化管理带来更多农业产值，农户也能从一体化合作中获得好处。但是，如果公司通过某种方式强化对资产、人力资本和土地的控制权，实现人力资本和物质资本的高度一体化，则此时合作社形同虚设，以寻利为目标的一体化企业制度将被实行。这时候，农户进入一体化企业，只能获得雇工身份，实质上形成了资本雇用农民。相反地，如果由农户掌握控制权和索取权，则是由农户雇用资本，形成了标准的或典型的合作经济组织（邓宏图、王巍，2015；邓宏图等，2020）。

模式Ⅲ："公司＋农场"组织形式

"公司＋农场"即公司式农业经营（Corporate Farming），由企业长期租赁农户或农村集体的土地等生产资料，获得生产和经营的全部剩余控制权，而农民则作为企业雇员参加劳动，领取劳动报酬，是一种“关系外包”(Relational Outsourcing）契约。这种契约属于重复博弈的纵向一体化多期契约，在契约的缔结和维持上，声誉发挥重要作用（聂辉华，2013）。

“公司+农场”组织形式一般是将基地生产内部化，这样能够保证企业产品质量，维护企业品牌。因此，主要用于生产标准化程度要求高、技术含量高、品质等级要求高的农产品。此种形式呈现以下几个特征：一是资本投入大，用资本替代劳动力；二是农场经营规模较大，生产环节联结紧密；三是更容易采用新技术和新设备，从而有利于提高技术效率和经济效率；四是增加付酬工作岗位（Wage Labor Jobs）；五是农场中分工专业化、生产标准化。但是，这种组织形式也面临一系列成本和阻碍，一是农民丧失了剩余控制权，失去激励而引发道德风险；二是一体化组织需要形成科层组织，来实施自上而下的管理和各部门间的协调，导致企业内部管理费用增加；三是实施纵向一体化需要大量的资金（高杰，2013；郭红东，2005）。

何秀荣（2009）认为，“公司+农场”使农产品交易内部化，该组织形式成为小农与大市场的桥梁，进而使农场形态发生了质的变化，成为公司的一个组成部分。众多的小农农场通过农地租赁的方式变为公司农场，农业实现了从小农农场向现代公司农场的转变。但是，学者们对“公司+农场”的发展前景持不同意见。姜长云等（2014）介绍了美国公司农场近年来的发展趋势及成因，通过与家庭农场比较，探讨了公司农场的比较优势和适宜领域。他们进而提出，农业经营主体以家庭农场为主导，但鉴于公司农场在特定领域存在比较优势，公司农场作为补充形式适宜加快发展。相反地，吴存玉和梁栋（2019）以国家重要糖料蔗生产基地广西巴村为个案，研究结果表明适度规模的家庭农场经营，能有效地推动村庄的发展，而强力进入村庄的公司性农场却遭遇发展困境。

③农业产业化经营中契约模式比较研究。众多学者针对不同农业契约模式的优劣势进行了大量的研究。

商品契约模式的优势在于，可以使企业获得稳定的原料来源（Abebe et al.，2013），降低市场交易成本，克服土地限制，通过带动农民生产、增加农户收入，进而获得更多政治上的支持（王亚静，2007）。部分农产品，如蔬菜和水果类农产品，尤其适宜发展商品契约（郭红东，2005）。在交易双方进行了较多的资产专用性投资，以及在声誉机制发挥作用的情况下，商品契约是稳定的（周立群、曹利群，2002）。但是，随着消费者对农产品质量要求提高，以及食品安全问题越来越受关注，部分商品契约不能满足企业对产品质量控制的要求

（郭红东，2005）。

实践中，涉及高度专用性资产且交易频率很高的农产品，部分企业退出市场交易，转而拓展组织边界、实现组织内部交易，即选择利用要素契约来实现完全一体化。其原因有以下几个方面，一是纵向一体化可以增加效率、获得市场利益；二是由于公司资产专用性投入，减少了大量外部交易费用（郭红东，2005）；三是规避专用性资产投资导致的“敲竹杠”行为（Williamson，1985）。除各种优势外，要素契约模式的最大劣势是成本高，包括企业组织成本、生产成本（Mahoney，1992）和内部监督成本（郭红东，2005）。

（2）关于契约选择的研究

①企业契约选择研究。众多学者对企业契约选择进行了研究，认为最优契约选择与成本和价格的不确定性、农产品价格波动、生产成本和企业组织成本等有直接联系（Hobbs et al.，1999；Klein et al.，1978；Mahoney，1992；Mahoney，1989；Walker et al.，1984；Wang et al.，2014；Williamson，1985；Williamson，1979；Williamson，1991）。

从制度经济学角度分析，组织规模扩大会带来管理费用和交易费用的变化，本质上改变了企业的契约模式选择。组织规模的扩张，意味着要素契约增加，商品契约减少（贾晋等，2009）。此外，企业的契约选择还受技术和制度制约。吴秀敏等（2004）应用格鲁斯曼—哈特—穆尔模型（Grossman—Hart—Moore，简称 GHM 模型），发现投资决策弹性、资产独立性、人力资本影响企业的契约选择。

就农业契约选择研究来看，专用性资产、土地、人力资本在联合生产中的边际影响，以及这种边际影响对其他要素增加或减少的“反应灵敏度”，决定了企业和农户的契约模式（邓宏图、王巍，2015）。不同的契约模式有不同的控制权结构。周立群等（2004）考察了农业契约模式变化的历史、现实和制度成因，他们发现，基于控制经营风险和提高融资能力的目的，企业倾向于选择要素契约模式。吴曼等（2020）基于水生蔬菜产业的多个案例，验证交易特征影响治理成本进而影响契约选择的内在机制，研究发现，企业与农户均进行资产专用性投资的情况下，不确定性升高可以帮助双方建立书面合同和股份合作为主的显性契约关系，反之，则建立市场交易为主的隐性契约。

②企业契约选择的影响因素。以下就企业契约选择的影响因素进行分类阐述：

第一，交易特性对企业契约选择的影响。交易特性主要指与企业特征、交易环境相关的交易特征，包括资产专用性、交易频率、不确定性、有限理性和机会主义等。Coase（1937）认为选择何种契约形式时，以交易费用的多寡为标准。Williamson（1985）全面发展了交易费用理论，并使之更具有可操作性。关于企业契约选择问题，他认为，决定交易费用的主要因素是资产专用性程度。随着资产专用性的增强，缔约后机会主义的可能性（Possibility of Post）会加大商品契约的交易费用。Klein 等（1978）也认为资产专用性是企业选择实施纵向一体化的重要原因。吴曼等（2020）认为合约和纵向一体化，是解决资产专用性带来的机会主义行为最有效途径。汤吉军等（2019）基于交易成本理论，认为交易相关资产专用性程度和交易频率，影响企业与农户间的有效治理结构，农业生产相关资产专用性不断增强，推动企业准一体化模式向完全一体化模式演化，实现更有效的关系契约治理，节约交易费用。

第二，农产品特性对企业契约选择的影响。生产不同类别的农产品，对基础设施投入、人力资本投资、场地专用性投资、设备专用性投资、经营管理等都有不同的要求。因此，生产农产品的技术要求、劳动力密集要求和抗灾害能力会影响企业契约选择。以传统的大宗农产品为原料的企业，如面粉加工和饲料加工企业，主要依赖现货市场提供原料；而以小众的特殊经济作物为原料的企业，如香蕉和冷冻蔬菜加工等，应采取完全一体化的模式（吴曼等，2020）。一般来说，由于鲜活农产品易腐烂、不便储藏和运输，如蔬菜、奶制品和水产品等，生产这类农产品的企业倾向于选择商品契约，而生产粮食、油料作物和水果的企业则倾向于选择要素契约（王亚静，2007）。劳动密集型作物由于需要利用农民的劳动力，且不容易进行外部监督，因此适宜选择商品契约；而在生产、收获过程实现机械化作业，为了尽可能地利用这些设备专用性资产来替代劳动力，企业往往倾向于拥有自己的种植基地，实现一体化经营（Winson，1990）。Leathers（1999）从企业经营的角度出发，认为对于种植过程中信息收集成本较低、信息收益较高的农作物，即监督成本较低或逆向选择风险较低的农作物，企业适宜选择一体化经营；相反，种植过程中信息收集成本较高、信息收益较低的农作物，即当监督成本较高时，企业适宜选择商品契约。

第三，市场风险对企业契约选择的影响。农产品市场价格波动幅度越大，则市场风险越高，企业与农户的契约不稳定性增加，企业对未来市场的需求数量和价格难以预料，会增加契约强度规避契约风险。因此，如果市场价格波动非常大，那么要素契约优于商品契约，反之则商品契约优于要素契约（聂辉华，2013）。与上述观点类似的，吴德胜（2008）认为，贴现率影响契约选择。当贴现率较大或市场价格波动幅度较大时，交易双方违约的诱惑也随之增大，尽管要素契约降低了交易双方的激励，但由于其降低了交易双方的违约动机，增强了契约的稳定性，因此要优于商品契约。

第四，生产产品的目标市场对企业契约选择的影响。一般说来目标销售市场以高级别市场为主，如超市，对产品质量和供货时限要求较高，企业参与订单农业的可能性会很高。国外市场对产品质量的要求更高，从而促使以出口为主企业对质量的控制更严。为了更好地把控产品质量，出口企业会更多地要求农户进行资产专用性投资，并建立奖惩制度，对提供优质产品的农户给予奖励，对违约农户追究责任（郭红东，2005）。

另外，企业综合竞争力及投资方式影响企业契约选择。企业的综合竞争力包含投资规模、企业的类型、实力、经营机制等特征，直接影响着企业参与农业的契约选择。

第五，交易环境对企业契约选择的影响。企业所处的交易环境主要是指政策、法律等制度环境和基础设施状况、交通条件等因素。一般说来，法律环境的完善和政府政策的导向，会在一定程度上影响企业参与农业的积极性。政策是体制、市场、经济效益和科技、服务等驱动因素的保障和原动力。在实践过程中，交易环境体现在宏观调控、政策指导、法律保障、部门协调、技术和物质支持以及信息服务等方面。土地流转、劳动力转移、企业税收减免和农产品价格扶持等相关政策影响企业契约选择。

2.3.2　关于工商资本投资农业的研究

本部分首先梳理工商资本能否投资农业的学术争论，接着，分类论述工商资本投资农业的相关内容，最后进行小结。

（1）工商资本投资农业的学术争论

学术界关于工商资本能否进入农业领域的讨论可以分为两个阶段，第一阶段始于 20 世纪 90 年代中期；第二阶段为 2002 年以后。

由传统农业向现代化转轨时期需要大量的资本，但是长期以来，中国农业投资不足的现状一直没有取得根本性好转，农业投入不足始终制约着中国农业的发展和农民收入的增长（毕宝德，1997；陈铭恩、温思美，2004；罗剑朝，1995；熊启泉、邓家琼，1996；钟甫宁，1997）。特别在 1991—1997 年间，宏观经济形势和体制的变化，再加上政策上的偏斜，使农业投资变动剧烈，波幅较大（郑洪涛等，2000）。毕宝德（1997）提出投资主体多元化，包括国家财政、农村集体经济和合作组织、国内金融机构及少量农外、境外和国外投资等，加强农业投资可以积极引进农外、境外和国外工商企业和金融机构。关锐捷（1997）认为大中型工商企业进入农业领域正当其时。

由于宏观经济形势变化，虽然农业投资在2000年经历了短暂低迷，但是2002年以来农业投资开始呈现增长态势（刘平青，2004）。关于工商资本投资农业领域的第二次讨论由此展开。

部分学者认为工商资本投资农业、发展规模经营是农村发展的新契机，代表着农业现代化的方向。一方面，要实现传统低效农业经济向现代农业转换，将农业大国转变为农业强国，必须吸引资金、技术、知识、管理等现代生产要素到农业中来，结合土地、劳动力等传统生产要素进行优化配置。工商资本可结合农地流转，以市场为导向，以资本为纽带，引入现代生产要素，激活原有生产要素，以此改造小农经济（徐勇，2002）。资本有助于创新农业生产和经营模式，促进农业技术进步（薛亮，2008）。另一方面，资金进入农业推动规模化经营，很大程度上可以缓解农业产业链条中各环节的资金短缺问题，以打破“小农经济贫困恶性循环陷阱”（张新光，2008）。工商资本到农场发展种养业，可以增加农业与农村发展需要的资金，是对农村资金外流的纠正，有助于现代农业的发展和农业供应链升级；城市企业家能够为农业带来现代的经营理念和方法；在开办农业企业过程中，可能参与或带动农业基础设施的改善；可以发展企业化经营的种养业和农业服务业，通过建立与农户的密切联系机制，还可以带动农户发展（马九杰，2013）。刘魏等（2018）则以农业要素配置为研究视角，研究结果表明，工商资本投资农业通过土地、劳动力和资本要素的配置正向影响农业生产效率，促使土地适度规模经营发展，摆脱传统农业的低效率困境。种效博（2014）从经济发展规律和发达国家经验出发，认为资本可以和农民结合，实现互惠互利。胡志全等（2016）比较了我国农业和工业的劳动生产率、土地生产率、资本利用率等，认为非农资本介入农业是实现我国工业化与农业现代化协调发展的重要措施。丁学东（2002）提出，要加强政策引导，鼓励工商资本进入农业产业化领域。周振等（2019）认为工商资本是推动乡村振兴的重要力量，是解决农业农村发展不充分的重要抓手，但注意要规范、正确引导，采取适宜的方式进入农业农村。

反对者的意见主要集中在：工商资本投资农业可能引起农民的失业问题、生存保障问题和粮食安全问题等。温铁军等（1999）从历史变迁的角度，认为工商资本进入农业容易剥削农民，引发深层次的矛盾。工商资本以较长的租赁期限，承租大片农地进行规模经营开发，容易使农民失去生存和发展的保障（张红宇等，2014）。仝志辉等（2009）认为，工商资本为了减少与农民交易的成本，需要组织农民，但是他们选择扶持大农、压制小农，发展成为“大农吃小农”的专业合作社。工商资本投资农业是“资本家剥削小农”（贺雪峰，

2009；赵俊臣，2009；杨华，2016）。在小农经济格局下，农业利益可以为广大小农分享，而工商资本所发展的现代农业会分享大量的农业利益，挤占小农的生存空间（贺雪峰，2009）。此外，工商资本投资农业可能打破缓慢的农业规模发展秩序，政府在“抓大抓强”的追求下，忽视部分农村中自主发展规模经营的“中农”，使其在农业产业化过程中被迫退出（杨磊，2019）。不仅如此，工商资本还容易引起农民的失业问题、生存保障问题和粮食安全问题（张亚平等，2011；涂圣伟，2019）。农户是农业现代化建设的基本主体，工商企业投资农业主要是做农户无法做到的事情，而非替代农户（郭庆海，2014）。还有，工商资本投资农业导致的“非粮化”会影响国家粮食安全，对国家发展产生不利影响（刘魏等，2018）。因此，部分学者认为工商资本投资农业不可行，甚至有害无益（赵俊臣，2009）。

综上，关于工商资本是否适宜进入农业问题一直是学术界争论的焦点，学者们不能达成一致意见，甚至存在对立的观点。

（2）工商资本投资农业的主要研究内容

工商资本投资农业是农业经济领域的重要实践问题，除了表象分析，深入研究此问题还涉及众多农业经济学经典和热点研究，可以分为以下几大类：

①工商资本投资农业的生产组织和结构问题。工商资本始终要面对以何种方式组织生产的问题。“公司＋农户”“公司＋合作社＋农户”等农业产业化契约形式较好地解决了土地分散化和生产规模化的矛盾，却经常面临违约问题（周立群、曹利群，2001；曾博，2018；周振等，2019）。为此，部分学者认为工商资本投资农业应该提倡发展农业中介组织和经纪人队伍，特别是鼓励一些专业农业合作经济组织、专业协会的成长（丁学东，2002），形成“龙头企业＋合作社＋农户”组织模式（蒋永穆等，2015）。

为了应对商品契约的不稳定性，各地试行“反租倒包”等土地规模化经营方式（丁学东，2002；赵晓峰、赵祥云，2016）。工商资本在流转大面积土地之后，最初面临的问题是如何开展生产，他们通常采取统筹统管的“大生产”方式，即统一组织生产，并使用自己最熟悉的一套公司化的管理方式来对农场进行管理，但这种方式在实践中会遇到很多困难，普遍导致农业公司亏损。原因在于农业产业的特殊性。村民劳作的速度和质量难以监督，在这个过程中村民易于“偷懒”。部分企业采取“分包制”来解决监督困难（徐宗阳，2016）。

另外，张红宇等（2014）调研了联想佳沃带动猕猴桃产业化经营，探讨了其多元化发展模式。有学者进一步对不同的经营模式进行评估和比较，如蒋云贵（2014）利用 BP 人工神经网络模型，从自然风险、战略风险、违约风险、市场风险、经营风险和产品责任风险等方面，对工商企业投资模式进行风险评级。

针对工商资本投资农业的生产组织和结构问题，部分学者建议构建紧密型利益联结机制，转变地方政府投入，引导资本有序下乡（张尊帅，2013），并提议构建“工商资本＋农户土地承包经营权资本→公司法人”和“工商资本＋农户土地承包经营权资本→合伙企业”的投资路径，为工商资本投资农村拓宽优选渠道，彻底解决渠道主体权力失衡的问题（蒋云贵，2013）。赵俊臣（2011）、周立群等（2002）区分了不同组织模式的工商企业，建议在政策上要区别对待，对那些不转包、不租赁、不吸收农户土地入股，仅通过“公司＋基地＋农户”组织形式获取农产品加工原料的工商资本要给予鼓励；对那些以转包、租赁农户的承包农地林地开发优质农产品的工商资本，在鼓励的同时要防止其侵害农户的利益；对那些以吸收农户农地林地入股、通过股份公司开发优质农产品的工商资本，需要进一步关注。

②工商资本投资农场的规模与效率问题。关于农场的规模与效率是农业经济学的经典研究之一。农场规模与生产率之间的关系有可能呈现U形，即大型农场具有资本成本优势，而小型农场具有劳动力成本优势（Binswanger et al.，1993）。合理的规模是农业生产成本和规模报酬共同决定的（杜为公，2016）。大型农场可以以低价格获得投入，如较低的运输成本等，以此降低平均生产成本，使其具有优势，因此农场有扩大规模的动机。交易成本也是生产成本的重要组成部分，通过粮食经销商或中介来销售粮食，可能降低销售价格，使农业利润下降。大农场因为监督成本高，导致交易成本居高不下，而小农场的监督成本较低，但小农场的信息成本较高。

此外，农场的规模与结构还受风险的影响。大型农场可能采取风险管理战略来应对不可预知的风险，如采取必要的止损措施，利用合同、金融市场将风险分散给有承受能力的人（杜为公，2016）。即使在美、加、澳等农业发达国家的大农场中，家庭农场也是最基本的组织形式，虽然会引入雇佣劳动，但集体化生产或公司化运作的公司农场基本都没有发育起来（李谷成等，2012）。

工商资本投资农业不可避免存在规模和效率的比较和选择问题。由于农业是生物自然生长过程，在工商资本形成的“公司农场”中农民劳作的速度和质量难以监督或者需要巨大的成本来实施，因此部分工商资本采取“分包制”解决农民逆向选择的问题（徐宗阳，2016；徐宗阳，2019）。实践中，部分工商资本投资农业后，并未发展规模化经营，转而采用外包的形式，利用家庭农场的优势提高经济效益（徐宗阳，2019；黄宗智，2012）。陈靖（2013）考察了工商资本进入皖北黄村农业生产的过程，发现种植环节的低回报导致工商资本退出，并逐渐将种植环节“外包”给其他人，依靠加工和营销渠道来获得更高的利润。

③工商资本进行土地流转和农业生产存在的问题。吕亚荣、王春超（2012）认为，工商资本进入农业生产领域会带来土地流转问题，尤其是以政府或村集体经济组织为主导的土地流转容易忽视农民话语权和权益；工商资本可能会改变农地用途；弱势农民因大规模农地流转导致维持可持续生计受到挑战。工商资本为了获取城市新增建设用地指标，裹挟了农村宅基地、耕地及更多相关生产要素来“经营村庄”，以新农村建设的名义推动农民集中居住，而农民只能获取土地租金和少量的工作机会，大部分农民成为农村的“空挂户”（焦长权、周飞舟，2016；周飞舟、王绍琛，2015）。

土地是部分工商资本投资农业的主要动机。部分工商资本是为了发展非农项目，资本投资农业是受到土地升值诱惑而发展土地整治项目，为房地产、观光旅游等项目做铺垫（周飞舟、王绍琛，2015）；部分工商资本的目的更简单，就是为了“圈地囤地”（赵俊臣，2011）；部分工商资本为了获得与土地相关的补贴，一些资本在获得了林地经营权之后，将山林进行抵押，可以获得银行的贷款和国家的林业补贴（郭亮，2011），更有甚者，下乡务农只是一个“名头”，纯粹是为套取政府补贴而来（徐宗阳，2016）。农地向企业大规模流转存在隐忧，部分只是短期投资行为，不仅对当前中国农业发展无多大益处，而且未来可能会使中国农业发展出现衰退（谷小勇、张德元，2013）。因此，贺军伟等（2013）强调建立健全监督监管机制，重点监管流转土地的用途、流转土地租金的支付、工商资本注入农业的进度。时雅杰和蒲应（2015）比较了美国、法国、日本和菲律宾四个国家工商企业与农村生产要素结合的主要模式，提出应充分利用合作组织促进工商企业与农村生产要素的结合，同时加强土地使用管理。

为了提高利润，工商资本主要转向高附加值经济作物的种植，或农业产业链产前、产后等高附加值的部分。即使是少数种粮者，也是以有机粮食种植和市场利润为目的（蒋永穆等，2015）。马九杰（2013）认为，由于工商资本的趋利性，对市场很敏感，并不一定具有稳定的、持续经营农业的积极性，这将对农产品供给、粮食安全带来风险。贺雪峰（2014）认为，工商资本进入农业一般是以高额租金租入农户耕地，为了获取利润，势必在土地上进行“非粮化”甚至“非农化”的尝试，可能引发经济危机，从而诱导政治动荡。

工商资本进入农业生产存在不少失败的案例。陈靖（2013）通过皖北黄村的实证调查研究结果显示，工商资本通过土地流转较迅速地形成了大户农场，却无法通过规模经营而在种植环节营利，在资本投资引导下，出现产业转换和退出种植环节的后果。丁建军等（2021）以湖北荆门某产粮大县W村为例，2010年在当地政府支持下，外地经商的本地企业家Z某成立了合作社实施迁村腾地，推动“农民上楼”，结果表明，工商资本改变了农村中原有的生产关系和经营秩序，但又无法重构新的生产关系，导致政府、企业、村集体及村民多方共输。

④工商资本与政府和自治组织的关系。部分工商资本与权力结合（冯小，2014）。围绕土地问题，地方政府与工商资本可能存在共同的利益诉求点。由于地方政府是农地的第一监督者，在土地审批等方面具备了权力寻租等制度基础，在利益驱使下降低工商企业的资质要求，导致工商资本可能改变土地用途，威胁到农户的基本利益（蒋永穆等，2015；陈晓燕、董江爱，2019）。工商资本投资农业迎合了乡镇政府“招商引资”的需要（郭亮，2011），政府主导的资本下乡导致政府对乡村事务的控制范围进一步扩大，以便对工商资本提供公共服务和安全保障（马华、王松磊，2016）。

工商资本投资农业后，村一级自治组织即村委会出现了不同程度的弱化现象，并对乡村治理带来冲击和影响（马华、王松磊，2016；丁建军等，2021）。焦长权等（2016）把“资本下乡”放在政府和企业的关系下考察，土地大规模集中流转后农民和企业的关联微弱，同时，工商资本剥离了农民与村庄原有的密切关联，公司替代村庄和村级组织，成为一个横亘于国家与农民之间的政治经济实体。此外，工商资本投资农业容易促使经济权力与村庄政治权力相结合，侵害村庄村民的自治权益。陈晓燕和董江爱（2019）以W镇为例，农民基于对L企业负责人的熟悉与信任，选举其担任村委会主任，企业嵌入村庄自主治理，家族血缘关系使得企业、村庄内部的权力不平等，逐渐边缘化村组织的自治权益。

⑤工商资本与农户的互动关系。

第一，工商资本与农户农业生产合作关系。工商资本投资农业面临的一个突出困难是小农的分散。要提高资本实现收益的效率，就必须减少同农民交易的交易成本，因此通过组建农民专业合作社来组织农民是符合资本利益的重要方式（仝志辉等，2009）。而订单农业模式下，企业选择与中等规模经营者进行连带，导致农业经营逐步“去小农化”（陈靖，2013）。

第二，工商资本与农户的权力关系。当政府或村集体经济组织主导了农地流转，就容易忽视农民的话语权（吕亚荣、王春超，2012）。由于工商资本投资者资源具有稀缺性，处于强势地位，而农户对工商资本的依赖性偏高，处于劣势地位，导致工商资本和农户两者的权力失衡（蒋云贵，2013）。甚至，随着外来工商资本进入农业产业的各个环节，资本式经营同时意味着小农经济的退却（陈靖，2013）。为此，蒋云贵（2013）提议将工商资本和农户土地承包经营权相结合，形成公司法人、工商资本和农户联结而成的合伙企业，使工商资本和农户形成利益共同体，彻底解决渠道主体权力失衡的问题。

第三，工商资本与农户的利益关系。合理的利益分配是工商资本与农民合作的关键，在制定分配过程中，资本可能是强势的一方，也可能是弱势的一方，取决于具体情况。由于市场经营活动往往存在不确定性，市场波动影响利益分配关系，会导致利益分配不合理，利益变动可能导致资本受益而农户受损，也有可能资本受损而农户受益，均可能导致无法可持续经营（王海娟，2020）。而一些工商资本进入农村租赁土地，往往利用信息不对称、当地农民谈判能力弱、地方政府服务不到位等情况，通过压低租金等手法侵害农户利益（蒋永穆等，2015）。尽管当地政府在介入大规模农地流转过程中，都一定程度上关注农民的转移就业问题，包括要求承包流转农地的企业或单位承担一定的吸纳当地流出农地农民的就业责任，将农民吸纳为“农业工人”；但是，对于年龄过大、体弱多病、自身非农就业能力低的农民，其转移就业的难度很大；加上当前农地流转的收益（租金）普遍不高，因此，弱势农民因大规模农地流转而使维持可持续生计受到挑战（吕亚荣、王春超，2012；杨磊，2019）。

在农业生产和流通领域，工商资本与农户的交易不平等。“公司＋农户”组织形式下的工商资本通过压低农业生产户收购价和抬高消费者销售价，以达到利润最大化的目的。而生产户绝大部分是分散的“弱势”小农，缺乏资本，不具备谈判条件，因此较容易受人摆布（黄宗智，2012）。

2.3.3　关于农户行为选择和意愿的研究

本部分的文献梳理从宽泛和一般化的农户行为和意愿的相关研究开始，接着，归纳农户的契约选择行为和意愿，层层递进，最后引申至农户对工商资本投资农业的合作行为和意愿。

（1）关于农户行为和意愿的研究

学者们用多种理论来解释农户的行为和意愿。按照计划行为理论的观点，行为意愿受行为态度、主观规范和知觉行为控制的影响（Ajzen，1991）。按照分布式认知理论，认知是一种对内、外表征进行处理和加工的活动；是一个包括认知主体和环境的系统，是一个涵盖了全部参与认知事物的分析单元（周国梅等，2002）。按照 Ostrom 的制度分析与发展框架的延伸决策模型（Institutional Analysis and Development Framework，IAD），除了受到外部环境和文化（广义）影响外，参与者的决策（意愿）一方面要受到参与者状况、条件控制、净收益以及参与者对这些状况的感知程度等信息的影响，另一方面要受到参与者行动前对最终实际结果了解程度的影响（刘珉，2011）。农户行为的影响因素是多方面的，是农户个人因素、社会因素、经济因素及心理因素共同作用的结果。

关于农户对土地、技术劳动力等生产要素的研究是非常丰富的，包括土地流转和退出行为、技术选择行为和种植行为。下文将进行分类阐述。

①农户土地流转和退出行为。吴萌等（2016）基于分布式认知理论，从“个人力”“地域力”“文化力”三个层次构建农户土地流转认知的影响因素理论框架，定量分析各影响因素在农户土地流转认知中的作用。刘同山（2016）运用 Mvprobit 模型，分析影响农民宅基地退出意愿的各种因素。研究发现，农民对宅基地有较强的资产化和直接处置意愿；他们是否愿意退出宅基地，主要受年龄、受教育程度、家庭人口数量、有关信息接触、与邻居关系等因素影响。俞振宁等（2017）基于 IDA 延伸决策模型，对 1004 个农户样本数据进行二元 Logistic 整体回归及分组回归分析，发现农户耕地休养意愿同时受到农户特征及家庭概况变量、耕地休养规则变量、休养环境与市场变量和认知改革变量的影响。

②农户的技术选择行为。李世杰等（2013）以海南省 7 个县（市）冬季瓜菜种植农户的一手调查数据为基础，以结构方程模型为分析工具，构建实证检验模型，探讨影响农户安全农产品生产用药意愿的主要因素。结果表明，农户认知是影响其安全农产品生产用药意愿的主要因素；农药补贴对农户安全农产品生产用药意愿具有重要影响，在得到农药补贴以后，农户的安全农产品生产用药意愿增强；特别是，农产品商品化程度对农户安全农产品生产用药意愿具有正向影响。岳佳等（2021）以 2018 年全国 1706 个种植业家庭农场信息为基础，研究表明，参与契约农业对家庭农场采纳测土配方施肥技术的影响是正向显著的，且农场主的经营年限、从业经历等同样对其选择该技术存在影响。吴比等（2016）认为农户加入合作社或与企业后更倾向采用新技术。

③农户对特定作物的种植行为和意愿。薛艳等（2014）等基于黑龙江、吉林、山东、河南和福建 5 省 723 个农户的实地调查数据，分析了农户对转基因作物的接受程度和种植意愿，结果表明，与作物经济效益和农户风险偏好特征紧密相关。王玉斌和华静（2016）基于北京、武汉和兰州 3 市郊区 302 户农户

问卷，首先运用多元有序 Logistic 模型，分析转基因信息来源对农户转基因作物种植意愿的影响；然后运用空间杜宾模型（SDM），检验农户转基因作物种植意愿是否有空间依赖性。结果表明，转基因信息来源中相邻农户交流对农户转基因作物种植意愿具有明显的正效应。

从农户对农业生产要素的各种行为来看，其影响因素涵盖了农户个人因素、社会因素、经济因素及心理因素。

（2）农户对农业契约的选择行为和合作意愿研究

虽然，在农业产业化经营中，企业与农户之间是采用要素契约还是商品契约联结，可能更多地取决于企业一方的意愿。但是，农户对契约选择的意愿也是重要的因素。随着人们收入水平的提高，消费结构的改变，对绿色无公害农产品需求的扩大，给小农经营方式带来了变革压力，潜在利润的需求和变革压力促使农民参与农业契约中来（邓宏图、王巍，2015）。基于此，许多文献讨论了农户的契约选择行为和合作意愿。

农户契约选择行为和合作意愿的影响因素涵盖了农户个体特征、农户家庭特征、信息因素、市场、风险、政策、环境等多方面。以下就具体的影响因素进行分析。

①资源禀赋对农户契约选择的影响。早期的研究主要侧重于对农户基本特征变量与其契约选择行为关系的考察。户主年龄较大或认为水稻生产自主权重要的农户选择生产契约的可能性较低（蔡荣、蔡书凯，2013）。随着农户农业生产的专业化程度不断提高，生产规模较大的专业生产大户陆续出现（陈劲松，2012）。由于农户的异质性逐渐增大，不同农户的要素禀赋差异也开始增大，大户在物质资本方面逐渐占据优势，其融资能力也就越强，这种异质性趋势将大大影响农业组织形式（邓宏图、王巍，2015）。

②农产品特性对农户合作意愿和契约选择的影响。在企业遵守信用前提下，考虑农户对农业企业的履约率时，农产品专用性是最重要的影响因素。专用性较强的农产品的契约履约率较高，在产品专用性较弱的情况下，农户类型是履约率的决定因素（尹云松等，2003）。黄祖辉等（2008）基于交易费用理论，解释了交易特征对农户选择不同销售渠道的影响，结论表明信息成本、谈判成本和执行成本为代表的交易成本对农户选择不同的契约方式有显著影响。

③风险对农户契约选择的影响。个人风险偏好的差异会对决策行为产生不同影响，一般而言，属“风险偏好”型的人更具冒险精神（陆倩、孙剑，2014）。农户对待风险，尤其是对价格风险的态度引起学者们的极大关注。Zheng 等（2008）对不同契约下生猪养殖户的风险厌恶系数进行了估计，结果

表明，与选择现货市场或销售契约的养殖户相比较，选择生产契约的养殖户的风险厌恶程度更高。赵翠萍（2009）基于河南省小麦种植户参与订单农业的行为进行分析，研究发现，与风险厌恶型农户相比，风险偏好型农户参与订单农业的可能性较低，但风险中性型农户参与订单农业的可能性反而较高。孙艳华等（2010）基于江苏省肉鸡养殖户的研究发现，风险厌恶型养殖户倾向于选择生产契约，重视生产自主权的养殖户则不愿意选择生产契约。蔡荣和蔡书凯（2013）建立 Logistic 模型，分析了“公司＋农户”下风险转移制度对农户契约选择的影响。研究表明，较大幅度的契约价格升水、提供要素赊账供应服务或生产技术指导、货款支付方式为即时付款时，农户倾向于选择生产契约。Abebe 等（2013）基于埃塞俄比亚土豆产业的实证研究，发现投入品市场比产品市场的不确定性对农户是否参与商品契约的影响更大，提出从农民的需求角度来降低他们的风险，提高参与率。除此之外，声誉、沟通渠道、政策和地域环境均影响农户契约选择。

（3）农户对工商资本投资农业的合作行为和意愿

侯江华和郝亚光（2015）基于全国 214 个村 3 183 个农户的实证调查，分析农民对资本下乡的态度。结果表明，农民职业、所处区域及保障权益度与资本下乡的态度呈正相关，农民文化程度与资本下乡意愿存在呈负倚变关系。其中，农民土地处置权的保障度是影响农民对资本下乡积极或消极态度的主导诱因。农民认为资本下乡比较好，也愿意出租土地给下乡企业并到下乡企业打工，特别是在自主权和收益权得到保障的情况下，农民对资本下乡的评价以及出租土地的意愿都非常强。由此可见，资本下乡本身并不可怕，可怕的是对农民权益没有保障的资本下乡（侯江华，2015）。

简而言之，针对农户行为，乃至农户对农业产业化经营中农业契约选择行为和意愿的研究是非常丰富的，而且已经形成了成熟的分析框架。但是农户对于工商资本投资农业的合作行为和合作意愿的研究是非常不足的。

2.3.4　简要评述

学术界对工商资本能否投资农业进行了漫长的争论，但是并没有达成共识。深入研究工商资本投资农业的内在机理具有重要意义。然而，既有研究在以下方面存在不足，需要进行补充：

（1）研究切入点和研究深度

从学者们研究的视角和相关内容来看，经济学者们更关注工商资本进行农业生产的效率、生产组织、与农户的合作关系、土地流转问题；社会学者们更关注土地流转过程中农户的利益，工商资本对农村自治和社会治理的影响，基层政府、自治组织和农民的权力变化等问题。

然而，较少学者从工商资本与农户的交易关系或契约关系视角来研究。工商资本进入农业，引起多种生产要素的重新配置，进而引起农业生产组织形式的变革，对“三农”带来深远的影响。在这个过程中，工商资本必然与农户产生各种交易关系，包括生产要素交易和产品交易，而每一项交易本质上是一种契约关系。实际上，可以从交易关系涵盖既有研究并进行归纳，第一，工商资本与农户形成土地租赁关系，涉及土地流转问题；第二，工商资本与农户形成雇用关系，涉及农户利益和农业生产的效率问题；第三，工商资本与农户形成农产品销售关系，涉及农业产业组织结构和农业生产规模问题；第四，基层政府、自治组织和农民权力变化，农村自治和社会自治等问题是工商资本与农户发生各种交易关系带来的影响。目前，仅有少数学者，如张红宇等（2014）、蒋云贵（2013）等，关注工商资本进入农业的组织关系研究，还没有学者从交易关系背后的契约关系切入进行深入研究。因此，本研究基于不完全契约理论构建分析框架，在成本最小化目标下，通过生产成本、交易费用和组织成本分析工具，讨论工商资本投资农业的契约选择，使研究更具理论高度。

（2）研究视角

既有研究大多从工商资本的角度出发，考虑其行为和决策，然而，农户作为工商资本投资过程中的重要合作对象，其合作意愿、满意度和相关利益保护被严重忽视，鲜有学者从微观农户的视角审视工商资本对农村、农业和农民带来的影响。因此，本研究基于农户视角，基于农户调查问卷数据，利用Binary和Multinomial Logit Model分析农户对工商资本投资农业的行为、意愿及影响因素，以此进行补充研究。

（3）研究方法

既有研究方法大多是定性研究，缺乏相关的调研数据进行定量分析，在某些关键问题上缺乏证据，导致结论可信度较低。因此，本研究以实地访谈情况和调研数据为支撑，进行定量分析，为关键问题研究提供证据、提高可信度。

第3章　理论基础和分析框架

工商资本投资农业，获取农产品的途径一是购买（Buy）；二是生产（Make）。部分从事农产品加工的企业通过整合上游产业链来解决食品生产安全问题，由“购买”向“生产”转变的趋势日益显现。部分工商业企业初次涉足农业，首先面临“购买还是生产”（Buy—or—Make Decision）两种选择的发展战略。从契约模式来看，购买是产品交易关系，属于商品契约；生产是生产要素交易关系，属于要素契约。

购买还是生产，或者说，商品契约还是要素契约，是工商资本投资农业领域首先必须做出的选择。本章首先阐述不完全契约理论基础；接着，按照交易费用经济学的经典分析框架，结合农业契约特征，构建本研究的理论分析框架；然后，对工商资本投资农业的契约选择进行数理模型分析，最后，提出理论假说。

3.1　理论基础

3.1.1　不完全契约理论的发展

关于契约理论的研究是非常丰富和成熟的，集合了自20世纪70年代以来众多经济学家的经典论文，包括Alchian和Demsetz（1972）、Jensen和Meckling（1976）、Mirrlees（1974）、Holmstrom（1982）以及Grossman和Hatr（1983），分析完美市场之外的契约。其研究的核心问题有两个，一个是不对称信息下的收入转移；二是不同风险态度的当事人之间的风险分担。其发展历程，主要包括完全契约理论和不完全契约理论。完全契约理论假定契约规定了所有理性人能够考虑到的相关变量，并且可以被第三方无成本实施。早期的契约理论称为代理理论，后来发展为更加形式化的委托—代理理论或者激励理论。由于完全契约理论很难解释很多现实问题，进而讨论事前无法囊括所有或然事件的契约，即“不完全契约”（Incomplete Contract）来修正以上理论。以Grossman和Hart（1986）、Hart和Moore（1990）论文作为奠基性成果，标志正式开创不完全契约理论，并逐渐崛起。

契约不完全的原因在于存在各种成本，主要有三种成本：一是预见成本，即当事人由于某种程度的有限理性，不可能预见到所有的或然状态；二是缔约成本，即使当事人可以预见到或然状态，订立双方没有争议或未来也不会发生争议的事项的契约非常困难或者成本太高；三是证实成本，即关于契约的重要信息对双方是可观察的，但对第三方，如法庭，是不可证实的。由于这种“可观察但不可证实”的信息结构假设无须借助不成熟的有限理性模型，因此成为不完全契约理论的主要基础（Tirole，1999）。现实中的契约不完全会导致事前的最优契约失效，因为当事人在面临“敲竹杠”风险或被对方攫取“可占用的专用性准租”时会做出无效率的专用性投资。

3.1.2 不完全契约与组织理论的演进

用契约理论研究现代企业是契约理论最前沿的进展之一，也是不完全契约研究成果最为丰硕的领域。任何组织都是一系列契约的联结。企业是各种合约的组合，原材料供给者、劳动者、管理者、资本供给者、产品需求者等都是企业的客户，每一类客户都向企业提供了一种生产要素，企业作为虚拟法人与不同类型客户通过合约联接，使各种生产要素结合在一起完成企业的核心业务（Jensen、Meckling，1976）。

随着不完全契约理论的发展，主要分化为交易成本理论和产权理论两种分析视角。以 Williamson 为代表的交易成本理论（TCE）认为，决定是否采取一体化的关键因素在于事后准租的大小，主张问题的治理在于事后适应性治理；以 Hart 为代表的产权理论（PRT）认为，决定垂直一体化的关键因素是与事前投资相关的准租的边际产出，主张通过某种机制来保护事前投资激励（聂辉华，2005；杨宏力，2012）。

Coase（1937）最早讨论企业的边界，他认为，与市场交易不一样，企业内部大部分的交易没有包含在明确的契约中，因此，企业内部交易比市场交易更有效率。Williamson 发展了这一观点，并在不完全契约理论基础上，演化出丰富的企业理论，称为交易成本经济学（Klein et al.，1978；Williamson，1985；Williamson，1979；Williamson，1975；Williamson，1971）。初始，他们关注交易的事后效率问题（Ex post Infficiencies），即套牢问题。他们认为，因为合同的不完全性，交易可能产生的可占用准租金会在事后对合同进行的无效率的讨价还价中耗散。Klein 等（1978）明确提出敲竹杠问题（Hold Up）。后来，他们把研究的关注点转移到事前的关系专用性投资（Relationship-

Specific Investment）的激励。由于害怕被敲竹杠，不能获得足够的投资回报，投资人减少了关系专用性投资，而解决的途径就是一体化。如果一体化是有效的，那么当两个企业的管理目标一致时，为什么不把两个企业合二为一呢？在解释为什么不是所有的一体化都是有效率时，Williamson 归咎于企业决策的官僚成本。Williamson 认为权力会滥用，来促使无效率的转化（Williamson，1985）。交易成本理论并没有明确地回答一体化本身是否有成本，以及交易成本在一体化的过程中如何变化，也没有基于理论构建正式的模型（蒋士成等，2008）。

Grossman 和 Hart（1986）、Hart 和 Moore（1990）将不完全契约理论进行了形式化推进，从产权和激励的角度分析了一体化的成本和收益，形成产权理论（Grossman-Hart Property Rights Theory，简称 GHM 模型）。

许多学者阐述了不完全契约经济学核心概念与经济组织一体化或边界问题的关系，下文分类归纳了资产专用型、所有权结构和激励三个方面，就他们与一体化的关系进行了分析：

（1）资产专用性与一体化

资产专用性是研究不完全契约理论的基础。Williamson（2001）将资产专用性定义为：在不牺牲其生产价值的条件下，某项资产能够被重新配置于其他替代用途或是被替代使用者重新调配使用时的可用程度。也就是说，当某项资产投入某种用途之后，把它转向另一种用途或由他人重新调配使用时它的价值会发生损失，该项资产价值损耗越大，资产专用性的程度越高（胡浩志等，2013）。Williamson（2001）将资产专用性分为六类：人力资产专用性、实物资产专用性、场地专用性、品牌资产专用性、风险性资产专用性以及暂时性专用资产。针对每种资产专用性又有更细致的阐述，例如，实物资产专用性主要包括了产品生产线是否定做、产品是否存在异质性、产品是否具有独特工艺性、产品生产中非批量性的工作所占的比重等（杨宏力，2012）。资产专用性带来可占用性准租，对契约的稳定性带来巨大影响。这些影响包括：可以改变资产使用的形式；改变利润分享的形式；导致套牢等机会主义行为；可以改变组织形式；导致投资不足（杨宏力，2012）。

资产专用性投资是促使交易双方发生根本性改变的重要因素（杨宏力，2012），不确定性、有限理性和机会主义行为使得资产专用性投资对经济组织的边界及其发展起着关键性作用（胡浩志等，2013）。Williamson 最先注意到企业或科层相对于市场的协调优势，并推断在契约不完全条件下，资产专用性越强、交易越是频繁、不确定性越强，则交易倾向于采取一体化的企业形式而非市场机制（Williamson，2001）。罗必良等（2007）进一步阐释了经济组织形态演变的路径：随着资产专用性投资的增强，交易双方契约安排目的是为了使交易费用最小化，交易方式一定会倾向于组织内部或关系性契约，因此，当资产专用性投资较弱时，宜采用市场交易；当资产专用性投资很强时，内部组织有其优势，宜采用企业制度。

交易双方的资产专用性决定了契约选择和一体化程度。如果市场交易中涉及双方专用性资产，则专用性资产较低的一方可能剥削资产专用性较高的一方，以获取准租金。获取准租金的机会越大，一体化的可能性越大，但是如果交易涉及人力资产时，由于拥有全部人力资产所有权是不可能的，从而纵向一体化也是不可能的，最终还是要寻求市场来解决。不过，资产专用性不对称会带来谈判力的不对称，从而必然导致契约的不平等，为使交易持续，利益可能受损的一方必须要求价格贴水，这一契约符合风险与收益匹配原则（周业安等，2005）。非一体化取决于未来贴水的现值足够高，而一体化则是由于可占用准租足够大（徐忠爱，2005）。

（2）所有权结构和一体化

产权界定不完全是一体化的原因之一。科斯定理表明当权利界定明确，并且交易费用为零时，不管初始产权如何分配，资源将通过自由谈判被用于价值最高的地方；如果交易费用不为零，那么产权的初始分配可能会影响资源的配置效率；由于交易费用的存在，不同的产权界定和分配，则会带来不同效益的资源配置，所以产权制度设计是优化资源配置的基础。在产权未完全界定的情况下，通过纵向一体化将交易内部化来协调原来利益分歧的交易双方，或许能消除当产权未界定或未适当界定时所产生的议价成本（张学鹏，2011）。

企业的本质是一系列物质资产组合，拥有的产权包括剩余控制权（聂辉华，2005）。当一方购买了另一方产权时，双方的关系就从独立的市场资源配置变成了组织内部交易，企业的边界向外扩展。同时，产权的转移也决定了交易双方的从属关系。

GHM模型从不完全契约的角度重新解释了企业的边界（聂辉华，2011）。根据GHM模型，由于契约的不完全性，当一方已经为履行契约投入了专用性资产，那么再次谈判时会将双方锁定在一种双边垄断的情形下，一方会利用这种锁定效应对另一方“敲竹杠”（聂辉华，2011）。只有在交易前，由一方购买产权或者契约中难以明确的公共产权（剩余控制权），才可以提高其在再谈判过程中的外部选择权和谈判力，从而获得更多的投资剩余，减少其事前专用性投资的激励扭曲，实现次优效率（聂辉华，2011）。

另外，当讨论企业的规模大小时，Grossman 和 Hart 认为，企业合并的好处是可以将正的外部性内在化，但是部分私人收益将丧失，最佳企业规模是对两者的权衡取舍（Trade-Off）(Grossman and Hart，1986)。

（3）激励和一体化或外包

契约交易双方中，购买了剩余控制权的一方会增加投资激励，而失去剩余控制权的一方将减少激励。如果增加的激励所提高的生产率足以弥补减少的激励所损失的生产率，那么这种权利的转移就是帕累托改进（聂辉华，2005)。当一方拥有所有权，在与对方谈判过程中，会增加他的议价能力，进而获得更多剩余索取权，这形成了投资激励。

在不完全契约理论的应用方面，Hart 讨论了公共部门和私人部门提供服务的问题。如果服务外包给私人来提供，那么私人对提高服务的资产具有剩余控制权，因此，会比政府更有降低成本和提高质量的激励，但是容易忽略降低成本对质量提高的影响（Hart and Moore，1998)。

最后，不完全契约的治理也是不完全契约理论研究的重点之一。

经济组织，尤其是契约型组织，有效发挥作用需要结合完善的治理机制（Williamson，1996)。契约治理和关系治理是两种主要的契约治理机制，两者互为补充（Poppo et al.，2002)，两者交互作用（Akiyama et al.，2006)，共同促进交易的自我执行（Baker and Wurgler，2002)。

关系治理是正式合约以外的具有自我履行机制的一切能提高交易绩效的社会关系活动（万俊毅等，2009)，尤其是在契约建立和发挥治理作用以前（万俊毅，2014)。信任、互惠、有效沟通、声誉机制和赋予合同执行的灵活性等关系治理方式能够降低双方的交易费用，促进长期合作，保证不完全契约的事后执行（高杰，2013)。特别是在市场波动性大和交易复杂性程度高的情景下，关系治理比正式契约能更有效地约束机会主义行为。其中，声誉是反映契约各方历史记录与特征的信息集，可以作为显性激励契约的替代物，激励和约束行为人的行为。当缔约方意识到短期的机会主义行为会损害自身的声誉，从而影响其长期或其他领域的收益时，就会放弃机会主义行为，选择合作策略。因此，声誉机制的本质是以长期的、更大范围的利益代替短期、局部的利益，从而约束行为人的机会主义行为（高杰，2013)。

在如何提高契约的效率方面，聂辉华（2009）归纳为 6 种不同的理论视角：法律干预、赔偿、治理结构、机制设计、声誉和产权。聂辉华（2011）运用经典的 GHM 模型，从资产专用性、产权结构、企业边界讨论公司和农户之间的契约稳定性，引入重复博弈、连续时间或者不对称信息进行分析，还考虑了产权、声誉和文化在解决契约不完全问题时发挥的重要作用。万俊毅

（2014）阐述了关系治理机制在公司与农户交易中的重要作用。

3.1.3　不完全契约理论在农业经济组织研究的应用

林坚和马彦丽（2006）基于交易费用和组织成本角度，分析农业合作社和投资者所有企业的边界。研究得出以下结论：与投资所有者比较，合作社可以节约与农民的交易成本，因此，在交易费用较高的领域容易产生合作社。但是，合作社又是一个高成本的组织，当合作社成员数量增大、合作社社员的异质性程度增强时，合作社的发展就会受到限制。秦愚（2014）从组织成本视角分析了农业合作社的基本制度，农业合作社通过制度设计成为有效率的组织，降低了合作社与成员之间的市场交易成本，但是内化到中国国情下，合作社面临着发展障碍。

3.2　不完全契约理论关于经济组织边界的分析框架

工商资本是选择商品契约还是要素契约，换句话说，选择“公司＋农户”还是“公司＋农场”组织形式，从理论上来说，是工商资本这一经济实体对自身组织边界的选择。选择商品契约，意味着工商资本倾向于外部购买的形式获得最终产品，组织形式主要采用市场配置机制；选择要素契约，意味着工商资本倾向于自身生产最终产品，组织形式主要采用内部组织。关于经济组织边界或者一体化问题的讨论，形成了许多经典的理论。下文主要就不完全契约理论中的交易成本和组织成本分析工具，构建理论分析框架。

3.2.1　基于交易成本和组织成本的经济组织边界分析框架

新古典经济学将企业视为生产函数，其产出水平只与要素投入的数量相关，并以此定义规模经济，而企业组织的边界问题由企业最佳规模来决定。另有学者从范围经济概念，来解释组织边界问题。当两个或多个产品生产线联合在一个企业中生产，比把它们独立分散在只生产一种产品的不同企业中更节约时，就意味着存在范围经济。范围经济表达了一种企业利用纵向联合来节约生产成本的现象。后来，将规模经济和范围经济结合起来讨论企业的边界问题，构成了新古典经济学“生产成本论”的核心。

新古典经济学忽略的交易成本问题直到研究不完全契约经济学的 Coase 时才引起重视，Coase（1937）发表的《企业的性质》提出了交易成本的概念。该文认为，企业利用市场交易是有成本的。理解企业均衡规模的关键是，分析使用市场交易和企业内部交易的成本。当前者大于后者时，企业将倾向于组织内部交易，其规模将增大；反之，企业将倾向于通过市场进行交易，其规模将缩小。Coase 的主要贡献在于，他改变了人们看问题的角度，使人们从交易成本的角度，分析企业的生产或外购决策。遗憾的是，他没有多维度来考察交易成本。

Williamson 拓展了交易成本理论。在 1981 年发表的《组织经济学：交易成本方法》一文中，他指出，研究经济组织的交易成本方法是把交易作为分析的基本单位，寻找治理各种交易的交易成本最低的结构。而交易的三个关键维度是：交易发生的频率、不确定性和资产专用性。其中，资产专用性是最重要的维度，在对纵向一体化的影响上，他认为，决定实行纵向一体化的主要因素是资产专用性的条件（Williamson，1985）。Williamson（1985）构建权衡模型（Tradeoff Model）把资产专用性作为关键变量，比较了生产成本和治理成本的关系，以及他们对纵向一体化的影响。在给定不确定性和交易频率很高，但资产专用性很低时，与企业相比较，市场在生产成本和治理成本上具有优势；随着资产专用性的提高，市场的这些优势将会下降乃至消失。换言之，只要资产专用性的程度不高，内部组织的组织成本就可能高于市场组织的治理成本。由此，不完全契约理论着眼于利用市场机制是有成本的，反过来论证纵向一体化的合理性，并阐释经济组织的边界。

此外，Hobbs 等（1999）应用交易成本理论，设计了一个研究框架对农业纵向协调问题进行了研究。聂辉华（2004）认为，一项交易到底是由市场制度还是科层组织配置，取决于交易的生产成本和交易费用的综合考虑。企业的边界往往受到所增加的边际组织成本和所节约的边际交易费用之间均衡关系的影响。一般来说，企业的边界取决于这两者的均衡（岳贤婷，2012）。Mahoney（1989）还从交易成本、企业战略、投入和产出的价格差异，以及成本和价格的不确定性四个方面，来考虑纵向一体化的动机。

契约选择取决于交易成本与组织成本之间的权衡，选择商品契约节约组织成本，选择要素契约节约交易成本。实际上，能够影响企业的生产成本、组织成本和交易成本的一切因素，如资产的专用性、交易的不确定性和频率、组织监督的“搭便车”及风险的不可度量、规模经济和范围经济、对稀缺资源的争夺和滥用垄断地位的策略性行为，以及企业竞争中持续优势的维持等，都可能对企业的纵向交易行为产生重要影响（徐斌，2009）。根据 Williamson（1985）的分析框架，本研究从交易费用、生产成本和组织成本三个方面，总结以上学者关于纵向一体化和经济组织边界问题的研究。其中，交易费用包括资产专用性、不确定性和交易频率。

（1）基于经济组织边界问题的交易成本考察

交易成本是决定企业边界和规模最核心的因素。Coase 认为，企业和市场是两种可以相互替代的资源配置机制，但是由于有限理性、不确定性和机会主义的存在，使得市场交易费用高昂，为节约交易费用，企业作为代替市场的新型交易形式应运而生。Williamson 把交易作为最基本的分析单元，他认为，交易存在异质性和多样性，交易的特征及其成本差异决定了交易组织的选择。而决定交易异质性取决于交易的频率、不确定性和资产专用性三个维度，其中资产专用性对解释经济组织的边界具有重要意义。如果不存在资产专用性，通过市场契约来联结生产的各个连续阶段，是可以节约交易成本的。但是，当投资的资产具有专用性时，为了节约交易成本，应该选择企业组织形式或在企业间实行整合。

张五常把交易成本定义为：是一系列制度成本，其中包括信息成本、谈判成本、起草和实施合约的成本、界定和实施产权的成本、监督管理的成本和改变制度安排的成本（Cheung et al.，2000）。在一个经济体中，产权安排借以影响资源配置的方式是交易（菲吕博顿、孙经纬，1996），交易费用决定了企业的存在，企业采取不同的组织方式最终目的也都是为了节约交易费用（程克群、陆彦，2011）。

不完全和非对称信息以及资产专用性是交易成本的主要内容。关于资产专用性对纵向一体化影响的研究，由于上文已经做了详细的归纳，此处不再赘述。

本部分主要阐述交易成本的另一个内容——不完全和非对称信息。不完全和非对称信息存在逆向选择和道德风险，即由于不完全和非对称信息的存在，使交易的一方或者双方担心自己利益受损，从而导致对参与双方有利的合同难以达成，或者双方需要花费巨大的成本来确定某种制度安排来消除机会主义行为。

在市场经济环境中，不确定性聚焦到价格波动带来的风险。价格是资源配置的重要信号。同时，又是企业实施经营并取得经营成果的价值表现和实现手段。在商品价格主要由市场决定的社会经济形态中，由于市场中存在着客观的、复杂的和多变的经济与非经济因素影响着商品价格，所以，价格频繁波动甚至波动幅度较大，表现出不确定性特征。这种不确定性的价格波动会给企业带来高收益或亏损的可能，即表现出一定的市场价格风险。具体来说，由于市场价格的不确定性给企业带来的收益与确定性收益的差异程度，其偏差越大，风险越大，反之越小（于霞，2004）。

（2）基于经济组织边界问题的生产成本考察

市场组织的规模体现为供给力基础的生产成本（即生产率）制约，生产成本在经济组织选择中起核心作用（王海杰，2006）。程克群和陆彦（2011）阐述了生产成本、交易费用与生产规模之间的关系，他认为，片面地减去交易费用也是需要成本的。随着生产规模的扩大，发挥规模经济效应，企业生产成本呈下降趋势，而交易费用则因管理费用的上升和信息不对称的加剧呈上升趋势。

（3）基于经济组织边界问题的组织成本考察

早在1937年，Coase的经典论文《企业的性质》中，“组织成本”首次被提出来。组织成本不仅包括组织活动所引起的外部交易成本，同时由于组织科层结构加大导致管理和协调费用加大，带来的企业内部的组织成本，并且这种内部的组织成本随着企业规模的扩大而不断增加。借助于交易成本的思想，Coase探讨了企业的联合和一体化问题。在他看来，企业联合是指先前由两个或更多的企业组织交易转变为由一个企业组织，一体化则是先前由企业之间在市场上完成的交易现在在企业内部完成。企业可以通过以上两种方式进行扩张，但企业的扩张不是无限制的，它受到市场交易成本与企业内部交易成本变化幅度的制约。因此，企业内部组织交易成本和市场组织交易成本的大小就决定了企业的边界与规模，企业的最优规模必须达成以下条件：在企业内部组织一笔额外交易的成本等于在市场上完成这笔交易所需要的成本（张学军，2005）。

随后，Grossman和Hart（1986）发表的《所有权的成本和收益：纵向一体化理论》一文，提出，利用市场机制进行资源配置存在交易成本，通过企业合并能够减少这种成本，但同时企业合并也会带来组织成本的增加。他们从财产控制权入手，探讨了企业的一体化问题。汉斯曼在1996年提出的企业所有权理论认为经济组织把所有权配置给一类要素所有者，并决定所有者如何分配所有权后，会形成相应的组织成本，包括所有权成本和市场交易成本（汉斯曼，2001；秦愚，2014）。

Alchain和Demsetz从企业生产的成员关系来定义组织成本。他们认为，企业的生产关系是各种要素所有者之间的协作关系，他们是作为一个群体出现在生产过程中。由此，可以将企业理解为一个团队生产，由于最终产品是每个成员共同努力的结果，或者某些最终产品，例如农产品，并不能当时可见，导致每个成员的个人贡献难以精确地测量，甚至难以观察，最终不能按照每人的实际贡献支付报酬。而且由于生产活动的信息不对称，每个成员都有“搭便车”的动机。为了监督成员来提高生产效率，大量的监督活动带来极高的成本。如果无法解决这些问题，那么团队生产就无法继续下去，只能市场化。因此，企业寻找解决度量和监督生产的方法，需要从制度上将企业的产权结构化，形成一种可监督的结构（Alchian、Demsetz，1972）。由此，Holmstrom 和 Milgrom、Holmstrom 和 Roberts、Holmstrom 分析了包括产权在内的多种激励手段所产生的激励成本。他们认为，经济组织是采取内部生产还是外部购买，取决于不同的任务对不同约束的人所需要的绩效度量成本、监督成本和激励效果。企业可以采取三种基本的激励方式：给予产权、授权和严格工作安排，而企业的最佳规模体现了不同激励方式之间的权衡。因此，有些生产在企业内部进行，有些生产则实现“外包”。

企业组织形式相对于市场价格机制形成的成本节约，是企业家实施纵向一体化的动机。但同时，企业组织成本的存在也限制着企业规模和一体化趋势的边界（张学鹏，2011）。

3.2.2 关于经济组织边界的分析

商品契约采用市场购买可以节约组织成本，要素契约采用组织内部生产可以节约交易成本，那么契约选择，从一定意义上来说，就是在组织成本和交易成本之间的权衡。

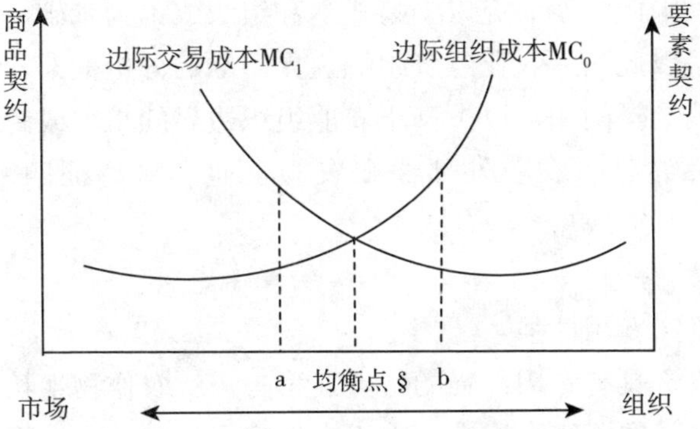

图3-1 市场和组织的权衡模型

图3-1中横轴左端代表市场购买，横轴右端代表组织内部生产，二者之间的状态可以呈现多样化。越往左端表示市场化程度越高，越往右端表示组织内部生产范围越广。图中“边际成本”曲线表明，在生产成本等其他因素不变的假定条件下，企业组织界限变化引起了交易成本和组织成本“此升彼降”。其中，曲线 MC_1 由左至右意味着边际交易成本从高到低，代表经济组织从市

场购买到内部生产转变；曲线 MC_0 由右至左意味着边际组织成本从高到低，代表经济组织从内部生产转向市场购买。以上分析表明，在一般情况下，经济组织需要在节约交易成本和组织成本之间寻求某种均衡，以达到经济组织的最优界限。

假定 a 点表示经济组织更多利用市场配置机制购买产品，较少进行内部生产，这时候可以降低外部购买产品的比率，提高自己生产的比例，促使 a 点往均衡点移动。相应地，组织成本增加，但同时交易成本减少，企业整体上由于提高了整合程度减少了总成本。类似地，如果 b 点往均衡点靠近，也会降低总成本。边际交易成本曲线与边际组织成本曲线的交点是总成本最低点，也即经济组织面临市场和组织选择的均衡点。如果选择的点远离均衡点，则会造成成本净损失。企业的组织形式选择取决于边际交易成本曲线和边际组织成本曲线，并随着这两条曲线的变化而改变。至于现实经济中有关企业受自身能力或外部环境因素的影响，不能实现“最优均衡”则是需要讨论的另外问题。

3.2.3 关于农业经济组织边界分析的拓展

纵向一体化和经济组织边界的影响因素是多方面的，上文从交易成本和组织成本两个重要因素形成基本的分析框架。由于农业经济组织的特殊性，存在农业特性、农产品特性、农业外部性和农业企业禀赋特征，对交易成本和组织成本带来影响。因此，本研究以交易成本和组织成本为基础，并考虑农业经济组织的特殊性，以此拓展农业经济组织边界问题的分析框架，来分析工商资本投资农业的契约选择问题。以下基于农业组织边界的扩大或者缩小问题，对农业特性、农产品特性、农业外部性和农业企业禀赋特征四个方面进行分类分析。

3.2.3.1 农业特性

（1）农业资产专用性强

农业生产投资具有专用性强的特点。第一，就农作物生长过程来说，农业生产投资存在较强的资产专用性。由于农作物生长是一个生物过程，一旦种植某种农作物，即使面临市场的变化也无法改变品种或者种植状态，尤其是一些生长周期较长的作物，终止种植行为会带来沉没成本。当这种投资与特定的交易对象联结在一起时，农民销售产品时没有或很少其他选择，就更容易遭受到交易对象“敲竹杠”。反过来，大规模投资于农产品生产和加工的企业，假如其资产的专用性程度很高，也可能由于农民的机会主义行为难以获得稳定货源，从而使企业遭受“敲竹杠”风险（林坚等，2006）。第二，化肥、农药、农业机械、设施及种养殖知识都是进行农业生产的专用性投资，加上农产品的易损性，在合约不完全的条件下，这些就成为农业生产“敲竹杠”问题的根源（黄祖辉、王祖锁，2002）。因此，随着资产专用性的增强，为了降低农户机会主义行为风险、克服农业生产和加工过程中的“敲竹杠”问题，企业的经典办法是将外部交易内部化，即企业倾向于增加契约强度，实施纵向一体化战略。

（2）农业的自然风险和市场风险高

一方面，农业的经济再生产过程总是同自然再生产交织在一起的，农业生产要受到自然力的作用，面临较高的自然风险；另一方面，农产品市场接近完全竞争市场，产品价格受供求双方多因素影响，波动频繁且难以预测，因此，农业经营还要面临较高的市场风险（高杰，2013）。

中国经历了40年的市场化改革，农业由集体经济逐步走向家庭经营，小农经济逐渐向农业商业化和农业产业化转变，价格机制在农业领域广泛发挥资源配置的基础性作用。由改革初的“买难”转变为如今的“卖难”，“谷贱伤农”现象频发，农业不断遭受来自市场的冲击。同时，伴随着经济全球化进程的加快，国际国内市场联系日益紧密。因此，我国农业不仅面临国内市场风险，而且受国际市场影响，农业市场风险突出。

农业的自然属性和市场风险带来农业经营及决策的高风险。企业在经营管理决策中，尤其在农业产业，面临着内部环境和外部环境的不确定性，这些风险使决策变得更加复杂，其结果难以准确预测。每一次决策都是各种风险变量之间的博弈和由多变量构成方案的优化过程。因此，风险是企业经营决策尤其是契约选择，面临的一个重要因素（于霞，2004）。

（3）农业的弱质性

由于农业是弱质性产业，因此格外受外部环境的影响。外部环境分为两类：包括“软件”和“硬件”，前者是指包括政策、法律在内的制度环境，后者是指基础设施状况、交通条件等（王亚静，2007）。

目前，我国正处于转轨时期的“社会主义市场经济”，制度环境比较复杂且亟待完善。政策干预是政府宏观调控的一种重要手段，政策扶持是体制、市场、经济效益和科技、服务等驱动因素的保障和原动力，政策的出台和执行引导相关产业和众多企业的发展决策。政策在实践过程中，体现在宏观调控、政策指导、法规保障、部门协调、技术和物质支持以及信息服务等方面（王亚静，2007）。法律环境完善和政府政策导向在农业产业表现得尤其突出，在一定程度上影响了企业参与农业的积极性。具体而言，土地流转、劳动力转移、企业税收减免和农产品价格扶持等相关政策影响企业契约选择。

农业需要各种基础设施配套，当地的交通、网络、电力等直接制约着农业投资和发展。道路交通对于农产品来说尤为重要，尤其是保鲜要求高、易腐烂的农产品（如蔬菜、茶、水果）需要在收货之后马上加工。部分农产品，如鲜切花，需要一个适宜的环境进行贮藏保存。部分设施农业用电量较大，但是农村的电力容量往往不能满足需求，导致跳闸或停电，使正常的农业生产难以持续。目前“互联网＋”成为农业的新业态，部分农产品利用农村电商进行网络销售，网络成为联结农业生产者和消费者的重要桥梁，但是没有网络或者网络不稳定严重制约了网络销售的发展。部分工商资本依靠自身投资来解决基础设施不能满足发展的问题，导致两种可能的后果，一是增大工商资本投资的成本；二是导致工商资本容易采取“短期行为”。

3.2.3.2 农产品特性

现代农产品最大的特点在于产品的差别化。学者们从消费者和生产者两个视角，定义产品差别化。Lancaster（1966）基于消费者视角，将产品差别化界定为消费者对商品特征存在偏好，每一种商品都是一组特征的组合，消费者不是直接比较产品，而是根据更为基本的特征做出选择。李瑶、王梦楠（2007）基于企业的角度，认为产品差别化是指企业向市场提供的同类产品和服务项目具有不完全的可替代性，以便于与其他经营同类商品的企业相区别。随着经济学理论的发展，目前用于讨论产品差异化的模型主要有两类：一类假设消费者具有凸的偏好（Convex Preference）；另一类是在 Hotelling 于 1929 年提出的线性城市模型基础上发展起来的各种模型（龚强等，2011）。

在当今社会，产品差别化已是适应消费者多样性需求的一个重要方面（李瑶、王梦楠，2007），成了企业的核心竞争力，认可本企业产品区别于竞争者产品的差异，可以使更多消费者对本企业产品产生偏好，并且使消费者的偏好长期维持。产品差别化可以分为横向产品差别和纵向产品差别。横向产品差别是指在制造过程中所需的资源数量一样，但产品在设计中却存在差异。纵向产品差别指的是按照某种品质要求所生产的一系列商品之间的差异。在纵向产品差异中，所有消费者对产品的大多数特征组合的偏好是一致的，典型的特征是产品质量，因此，纵向差别化也称质量差别化。源于产品同质性向产品差别化研究的拓展，形成关于产品质量的研究。对于绝大多数消费者来说，对产品质量的差异认识是按照“优劣”进行识别排序的（丹尼斯·卡尔顿等，1998）。

下文将从农产品质量差别和农产品品种差别，阐述他们对农业经济组织边界问题，乃至工商资本投资农业契约选择的影响。

第一，农产品质量差异影响企业契约选择。高质量农产品需求越来越大，导致生产成本增加。在农业领域，随着市场需求的变化，消费者对高质量农产品的需求增加，如有机食品、绿色食品的需求量大增。但是，生产高质量农产品，对基础设施投入、人力资本投资、场地专用性投资、设备专用性投资、经营管理等都有更高的要求，甚至要求形成品牌化经营，可能会导致企业形成一体化经营。因此，农产品质量要求影响工商资本的契约选择。

第二，农产品品种差异影响企业契约选择。具体而言，农产品的技术要求、劳动力密集要求和抗灾害能力影响企业契约选择。一般来说，鲜活农产品，如蔬菜、奶制品、水产品以及蜂产品等易腐烂、不便运输和储藏，生产这类农产品的企业，选择商品契约的倾向性比较大，而生产粮食、油料作物和水果的企业则倾向于选择要素契约（王亚静，2007）。劳动密集型作物由于需要利用农民的劳动力且不容易进行外部监督，因此适宜选择商品契约；而在生产、收获过程实现机械化作业，为了使设备尽可能地得到利用，企业往往倾向于拥有自己的种植基地，实现一体化经营（Winson，1990）。Leathers（1999）从企业经营的角度出发，对于种植过程中信息收集成本较低、信息收益较高的农作物，企业应选择一体化经营或直接监视生产；相反，种植过程中信息收集成本较高、信息成本较低的农作物，企业应选择商品契约生产方式。

3.2.3.3　农业企业禀赋特征

随着投资规模加大，组织成本增加，企业的理性选择是增加契约强度以规避契约风险。除了投资规模外，企业的类型、实力、经营机制等方面的特征，综合起来就构成了企业的综合竞争力，这些企业的内在因素直接影响着企业参与农业的契约选择。

综上所述，在研究农业经济组织的边界问题时，在 Williamson 交易费用经济学的分析框架基础上，还需要考虑农业特性、农产品特性和农业企业资源禀赋。因此，下文基于生产成本、交易费用和组织成本构建框架，分析工商资本进入农业的契约选择，并考虑农业特性、农产品特性和农业企业资源禀赋。

3.3　工商资本投资农业的契约选择机理

Coase（1937）在分析企业本质时创新性引入了交易成本的概念。交易成本是利用市场价值配置资源的成本，通过形成一个组织来配置资源，能节约市场运行成本。从这个角度来说，经济组织是价格机制的替代物，可以在一定程度上替代市场。因此，究竟是选择市场还是组织，或者产品如何在以上两者之间分配，实际上是经济组织的边界问题。此后，众多学者对交易成本概念进行深化和泛化。如，Williamson 将交易成本维度化，从交易的频率、不确定性和交易涉及的资产专用性程度三个维度，分析交易成本。Demsetz 则从组织内部生产着手，研究组织内部成本，即组织成本，来解释企业的本质。North 则将交易成本的含义逐步扩展到政治领域，在《交易成本政治学理论》一文中首次提出在政治领域也存在交易成本的观点。总之，他们都是以交易成本为根本出发点，从不同的角度来研究组织形式的优化问题。

3.3.1 工商资本选择要素契约的机理分析

Williamson（1975）指出，经济组织研究的交易成本方法把交易作为分析的基本单位，其根本目的是要找到治理各种交易达到交易成本最低的结构。因此，其根本原则是使交易治理结构与交易的基本特征相匹配，而交易有三个关键维度：交易的频率、不确定性和资产专用性强度。在给定不确定性和交易频率很高而资产专用性很低时，与企业相比较，市场在生产成本和治理成本上均有相对优势。随着资产专用性的提高，市场的这些优势将会下降乃至消失。尽管交易成本并不完全依赖于资产专用性的大小，但是，由资产专用性投资引起的“套牢”问题所发生的交易成本，却是最关键的成本。因此，Williamson 沿着资产专用性引起“套牢”问题，“套牢”问题导致交易成本很高，为了降低交易成本可以采取扩大经济组织边界的思路来解释。

对于工商资本投资农业而言，工商资本选择要素契约主要基于以下几点：

（1）交易特性影响交易成本，进而影响工商资本选择要素契约

由于工商资本投资的是农业，农业的交易特性影响着工商资本的契约选择。农业投资的资产专用性强，是交易特性最重要的特征。由于资产专用性强度高引起“套牢”问题，引起较高的交易成本，会扩大经济组织的边界（Williamson，1975）。就工商资本而言，农业的强资产专用性带来较高的交易成本，导致工商资本采取强契约强度，选择要素契约，具体组织形式是“公司＋农场”。

（2）农产品质量要求影响交易成本，进而影响工商资本选择要素契约

随着当今社会对高质量农产品需求的增长，工商资本为满足日益增长的需求进而投资农业。当企业生产高质量农产品，对基础设施投入、人力资本投资、场地专用性投资、设备专用性投资、经营管理等都有更高的要求，甚至要求形成品牌化经营，上述有形的和无形的资产专用性导致企业倾向于提高契约强度，形成一体化经营，最终选择要素契约形式。

(3) 农产品价格波动影响交易成本，进而影响工商资本选择要素契约

农业经营不仅面临着高价格风险，还面临较强的市场风险，体现在农产品价格波动大（高杰，2013）。农产品价格波动幅度较大，实质上是交易的不确定性，属于交易成本的分析维度之一。当交易的不确定性很高时，交易双方对未来事项的预测能力不足，因此有必要设计一种交易双方都接受的契约安排，为事后偶然或者突发事件发生时，交易双方能够更加公平有效地进行谈判。交易不确定性提高了制定契约的复杂程度，以及履行契约的难度，因此，高不确定性也会带来较高的交易费用（丁芬，2013）。价格波动使公司与农户之间的契约不稳定，进而导致公司和农户之间的交易成本非常高。例如，对于农业产业化经营的最重要组织形式之一“公司＋农户”而言，农产品价格波动幅度大导致的交易不确定性是目前面临的主要问题。为了降低交易成本，部分工商资本采取要素契约模式以降低契约的不稳定性。

3.3.2 工商资本选择商品契约的机理分析

Alchain 和 Demsetz（1972）从企业内部组织的角度，深入分析了企业与市场的关系问题。他们认为，企业的存在及其边界受到组织成本的制约。企业生产在本质上是一种团队生产，并且团队生产的总产出大于团队成员的个体产出之和，增加的部分大于管理和协调团队成员的成本，团队生产才会被采取，即利用企业这种组织形式进行生产（徐斌，2009）。市场和企业的边界取决于以下两者成本：第一是团队生产的总成本；第二是团队成员的分别产出之和，加上管理和协调团队的成本。如果总成本大于后者成本之和，那么适宜采取企业组织形式；如果前者小于后者，那么适宜采取市场的方式配置资源。

团队生产首先产生的一项组织成本就是度量成本。因为团队生产不可分割，尤其是农业的生产成果不可立即获得，使得团队成员的劳动投入难以度量，或者度量的成本很高，导致团队成员存在偷懒的机会主义行为。为了杜绝这种行为，进而要对成员进行监督，因而产生监督成本。因此，Alchain 和 Demsetz 沿着团队生产的度量困难引起的监督问题，进而导致组织成本很高。为了降低组织成本可以选择市场化运作这样一种思路来解释商品契约的选择。

基于工商资本投资农业而言，工商资本选择商品契约主要基于以下几点：

(1) 企业资源禀赋影响组织成本，进而影响工商资本选择商品契约

随着农业投资规模加大，组织成本增加，企业的理性选择是商品契约，一方面是要降低契约强度，从而降低组织成本；另一方面是要增加契约的执行力

度，规避农户违约风险，保证农产品契约的实现。劳动监督困难是农业生产最大的问题之一。公司农场的经营主无法对雇用农户进行有效的监督或者监督的成本太高，部分经营主采取“外包”的经营模式，即把生产环节承包给农户，形成“公司农场＋外包”形式。部分经营主采取更低强度的契约模式，与农户签订农业订单，向生产农户收购农产品，形成商品契约模式。

（2）交易环境影响交易成本，进而影响工商资本选择商品契约

农业需要各种基础设施配套，当地的交通、网络、电力等直接制约着农业投资和发展。与城市相比而言，农村的基础设施亟待完善。农村基础设施不完善导致工商资本投资农业带来更强的资产专用性投资，即带来较高的交易成本。为规避大量的资产专用性投资和沉没成本，部分工商资本降低契约强度，选择以直接收购农产品的商品契约模式投资农业。

3.3.3 工商资本投资农业的理论分析框架

基于上文工商资本选择要素契约和商品契约的机理分析，本部分构建工商资本投资农业契约选择的理论分析框架（图 3-2）。本研究基于不完全契约理论构建理论分析框架，首先，从交易成本、生产成本和组织成本三个维度，构建工商资本投资农业的契约选择的成本分析框架；其次，结合农业特性，构建工商资本农业契约选择的分析框架，将农产品价格波动、农产品交易特性、农产品质量和企业资源禀赋融入工商资本契约选择成本分析框架；最后，将外部交易环境，具体包括基础设施、产业基础和农业政策纳入整体理论分析框架。

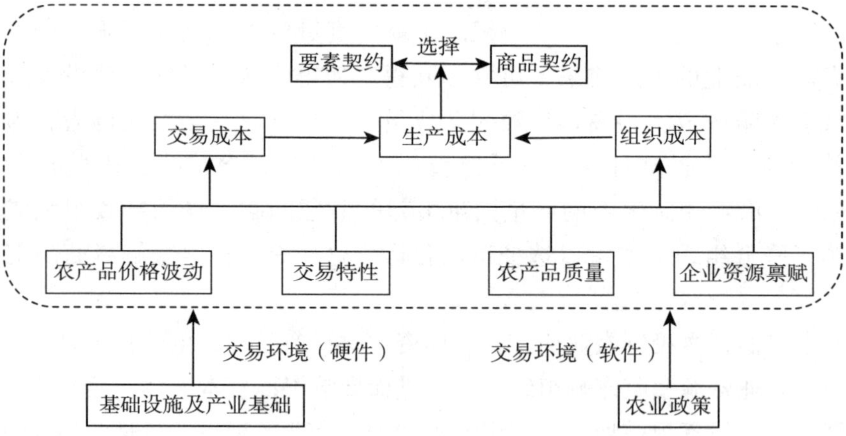

图 3-2 工商资本投资农业契约选择的理论分析框架

3.4　工商资本契约选择的数理模型与理论假说

3.4.1　工商资本契约选择的数理模型

企业的运作需要组织和管理成本。随着企业规模扩大，企业的组织管理成本增加，收益可能会减少。Coase（1937）认为，企业和市场是可以相互替代的两种机制。市场交易的边际成本和企业内部交易的边际成本正好相等的点，就是企业的最优边界。企业组织形式相对市场价格机制形成的成本节约，是企业家实施纵向一体化的动机。但同时，企业组织成本的存在，也限制着企业规模和一体化趋势的边界（张学鹏，2011）。

所有的交易，无论短期或长期，显性或隐性，都可以看作一种契约关系，是经济分析的基本要素。具体而言，本研究借鉴周立群、曹利群（2002）的研究成果，把契约模式区分为商品契约和要素契约，具体形式包括“公司＋农户”和“公司＋农场”，同时随着实践发展以及合作社、协会等中介组织的成熟，衍生出“公司＋合作社＋农户”“公司＋农场＋外包”等多种组织形式。

组织商业交易的准则假定是一种节约成本的严格的工具性准则，它基本上可以分为两部分：生产支出的节约和交易费用的节约（Williamson，1979）。工商资本投资农业的利润函数表达为：

$$\pi = PQ - C = PQ - C_1 - C_2 - C_3 \qquad (3-1)$$

其中，P 是农产品的市场价格，C 表示企业总成本，由三部分构成：生产成本、交易成本和管理成本。C_1 为生产成本，主要是原材料费用和生产转换费用；C_2 为交易成本，包括信息搜寻、契约谈判以及由于契约不完全导致的监督和执行费用；C_3 为管理成本，包括组织内部的激励和约束费用。另外，C_1 是资产专用性的函数，如果资产专用性很强，可能出现工商资本被“敲竹杠”的现象。节约交易和管理成本，本质上是有限理性的经济化，交易过程中须提防机会主义的干扰。

企业为达到利润最大化的目的，通过各种途径减少生产成本、交易成本和管理成本的总和。以上三个子目标是相对动态的，其中一个成本下降一般会导致另外一个或两个成本的上升。外购的生产成本和管理成本低，还能对持续供货进行成本控制，但是考虑到外购产品的质量控制和契约成本，问题就会随之而来，主要体现在交易成本高；企业自己生产则成本低，但是需要投资大量的专用性资产，而且生产过程中存在农户的机会主义行为，导致交易成本和管理成本较高。以下将从工商资本投资农业的利润函数出发，分析商品契约和要素契约下企业和农户的成本收益，最后，提出用契约强度来表征工商资本投资农业情境下与农户联结的合作模式，分析不同契约强度对农户违约行为的影响。

（1）商品契约下企业和农户的成本收益分析

企业和农户提前签订商品契约，约定在农产品收获季节，农户将按约定的价格和产量交付农产品给企业。然而，在实践中，农户既可以将农产品卖给签约企业获得关系内的价值，又可以卖给其他企业获得关系外的价值（聂辉华，2013），因此，商品契约面临较高的违约率（周立群、曹利群，2001）。商品契约的重要特征是契约关系不稳定，而且，当农产品价格波动幅度大的季节，这种契约关系不稳定尤其明显。

为了描述农产品市场价格波动下企业与农户的博弈，假设农产品在市场上销售的高价格和低价格为 P_h 和 P_d，其概率分布为 p、$q=1-p$，企业的最终收入为 M。企业和农户签订商品契约，合同价格为 P（$P_d<P<P_h$）。本书为研究企业的契约选择行为，考虑到企业已经选择了订单农业的契约模式，因此假设他们都是信守承诺的，违约倾向很低，只考虑农户的违约行为。当市场价格为 P_d 时，农民不可能违约。考虑当市场价格为 P_h 时，农民守约与否带来不同的收益。如果农民守约，那么农民和企业的收益为 [（$P-C$）Q，$M-PQ$]，其中 M 为企业总收益。如果农民违约，那么企业只能选择市场购买或者放弃生产，那么，农民和企业的收益分别为（（P_h-C）Q，$M-P_hQ-X$），可以简化为 [（P_h-C）Q，$-Y$]，其中，X 是由于农民毁约而增加的企业搜寻和谈判费用，Y 为企业放弃生产的损失。当企业对农产品质量要求非常高（如有机农产品），以及资产专用性很强时，X 和 Y 非常大，那么农户毁约造成企业损失巨大。

（2）要素契约下企业和农户的成本收益分析

在“公司+农场”要素契约下，企业和农户之间是生产要素的租赁关系，因此他们之间的成本收益相互独立，计算较为简单。企业获得除去成本以外的利润 $\pi=PQ-C$，农户获得土地租金收入和雇用工资，表现为 C_1 和 C_3，属于企业总成本的一小部分。

（3）将契约强度纳入企业和农户的契约关系分析

然而，在现实生活中，工商资本的契约选择并不是在商品契约或者要素契约两者中进行非此即彼的选择。许多工商资本既有商品契约又有要素契约，如何将不同类型的契约纳入一个分析框架显得非常必要。因此，本研究引入契约强度的概念，用契约强度参数 θ 表征契约强度，假设 $0\leqslant\theta\leqslant1$。当 θ 为 0 时，可以表示契约强度最低，公司和农户没有任何契约束缚，典型的例子是公司与农户直接在现货市场上交易农产品。随着θ的增加，契约强度逐渐增强，表现形式为签订远期交易合同的“公司＋农户”组织形式，逐渐演化为更具组织性的“公司＋合作社＋农户”组织形式。在θ强度接近 1 或等于 1 时，农户逐渐内化为企业组织内部，如“公司＋农场＋外包”或者“公司＋农场”。

在契约强度很弱的情况下，农民的毁约成本低、收益高，容易发生毁约行为。在极端的情况下，部分企业缔结强度近似于 1 的要素契约，农户就不存在农产品交易契约，而且对生产要素的契约毁约的可能性也较低。因此，农户遵守契约的可能性与企业契约强度有较强的相关关系，契约稳定性与契约强度呈正相关。

3.4.2　工商资本投资农业契约选择的理论假说

考虑到农产品的市场价格波动，以及农户履行契约的概率，企业要保证进行生产，那么总费用为：

$$p(1-\theta)(P_{\mathrm{h}}+X)Q+q\theta PQ \tag{3-2}$$

为了简化处理，假设除了这部分费用以外，企业的其他生产成本是固定值A，所以总的生产成本为

$$C_1=p(1-\theta)(P_{\mathrm{h}}+X)Q+q\theta PQ+A \tag{3-3}$$

交易成本受三方面的影响比较明显：①不确定性；②交易重复的频率；③耐用交易专用性投资的强度（Williamson，1979）。一般说来，企业如果采取较强的要素契约，那么它需要更多的资产专用性投入，而且投资的边际效用是下降的，因此

$$C'_2(\theta)>0, C''_2(\theta)>0 \tag{3-4}$$

合作社、行业协会等中介组织的出现，在一定程度上降低了企业的成本，提高了企业和农户双方的交易净收益。中介组织作为企业与农户合作的联结纽带，一方面可以降低企业的交易成本C_2，另一方面可以提高农户的组织化程度，降低企业的管理成本C_3。

对于给定的θ、Q，企业的期望收益为

$$\pi(\theta,Q)=P_{\mathrm{h}}Q-p(1-\theta)(P_{\mathrm{h}}+X)Q-q\theta PQ-A-C_2(\theta,Q)-C_3 \tag{3-5}$$

在一般条件下，要分析π（θ，Q）的极值问题非常复杂。但是如果π（θ，Q）是一个上凸函数，由于函数的定义域为［0，1］×［0，Q_M］，这是一个凸集。根据 KUHN-TUCKER 充分性条件，如果（θ^*）∈［0，1］×［0，Q_M］是一个驻点，那么它一定是能使企业利润达到最大的极值点。

在后面的讨论中，我们假设生产规模 Q 是固定的，而且 C_2 与 Q 无关，或者影响可以忽略，即 C_2（θ，Q）$=C_2$（θ）我们试图找出最优的 θ。

极值点：

$$\frac{\partial \pi}{\partial \theta}=p(P_{\mathrm{h}}+X)Q-qPQ-C'_2(\theta)=0 \tag{3-6}$$

所以，使得 θ 最大的点由以下等式确定

$$C'_2(\theta)=[p(P_{\mathrm{h}}+X)-qP]Q \tag{3-7}$$

由于 C''_2（θ）>0，C'_2（θ）是一个增函数。由此可以得到如下命题：

假说Ⅰ：如果 X 增大，那么 θ 也增大。意味着企业的资产专用性投资非常大，或者对农产品质量有较高要求时，企业将采取较强的契约强度。

假说Ⅱ：如果 Q 增大，即企业投资规模增大，理性的选择是以增大 θ 以规避契约风险。

对以上等式进行变形：

得出

$$C'_2(\theta)=[p(P_{\mathrm{h}}+X)-(1-p)P]Q=[p(P_{\mathrm{h}}+P+X)-P]Q \tag{3-8}$$

假说Ⅲ：P_{h} 或 P 增大，最优的 θ 也增大。这意味着农产品市场价格上涨或者预期增加，企业与农户的契约不稳定增加，因此会增加 θ 来规避契约风险。

假说Ⅳ：如果由 $\frac{\partial \pi}{\partial \theta}$ 在［0，1］上没有零点，那么有 $\frac{\partial \pi}{\partial \theta}$ 在整个区间上为正或者为负。如果为正，表示 π 是 θ 的增函数，π 在 θ 增函时取得极大值，企业应该采取要素契约，反之，则应该采取完全的市场交易。

在以上梳理推导假说的基础上，接下来，下文将对假说的具体内涵进行分类阐述。假说Ⅰ可以分为两部分。①假说Ⅰ提出，随着资产专用性投资的增大，企业将增加契约强度。资产专用性是交易成本理论的核心内容，资产专用性对工商资本契约选择存在影响。②假说Ⅰ也指出，当企业对农产品质量有较高要求时，将采取较强的契约。即产品质量差别化会影响工商资本契约选择。③假说Ⅱ提出，当企业投资规模增大，理性的选择是增大契约强度以规避契约风险。企业投资规模是组织成本的外在表现，本书结合组织成本理论，来解释组织成本对工商资本投资农业契约选择的影响。④假说Ⅲ提出，当农产品市场价格上涨或者预期增加，企业与农户的契约关系会愈加不稳定，因此会增加契约强度来规避风险。农产品价格波动是市场风险的重要表现，因此，本书利用

交易成本分析，来阐述价格波动对工商资本投资农业契约选择的影响。⑤最后，交易环境也会影响工商资本的契约选择。

总体而言，本部分阐述了本研究的理论基础，并拓展了不完全契约理论关于纵向一体化和经济组织边界的分析框架，然后在数理推导的基础上形成若干个理论假说。

第4章 工商资本投资农业相关政策变迁与发展现状

本章的内容分为两个部分，一是工商资本流转土地、推动农业产业化发展的政策变迁；二是结合相关的文献，基于云南、广东和湖北三省的调研，对工商资本投资农业的现状进行分析。工商资本投资农业的政策出台并不是单一的，而是包括土地流转政策和农业产业政策在内的一套政策体系。厘清工商资本投资农业政策及相关政策的制定及变迁，可以作为深入考察工商资本投资农业实践的政策背景，有利于深刻理解工商资本投资农业的发展现状，发现其存在的核心问题。工商资本投资农业的现状分析是基于本研究组织的多次调研形成的第一手数据资料。本研究组织了华南农业大学的教师和硕博士生形成若干调研组，于2015年和2016年在广东省广州市、梅州市和韶关市；湖北省鄂州市；云南省弥勒市、昆明市、玉溪市、楚雄自治州和大理自治州开展调研，与100多家投资农业的工商企业负责人、投资人或者管理者进行半开放式访谈，并获得有效的企业调研问卷120份。现状分析部分归纳了工商资本投资农业的动机、路径选择、投资效应、制约因素以及存在的问题。

4.1 工商资本流转土地的政策变迁

4.1.1 2013年之前：限制为主，但允许地方探索创新模式

从政府决策层面来看，工商资本投资农业领域的既有政策经历了巨大的变化。早在2001年中共中央发布了《中共中央关于做好农户承包地使用权流转工作的通知》，明确了土地流转和规模经营的主体，指出“农村土地流转应当主要在农户间进行”“中央不提倡工商企业长时间、大面积租赁和经营农户承包地，地方也不要动员和组织城镇居民到农村租赁农户承包地”。同时还强调，“不能用少数服从多数的办法强迫农户放弃承包权或改变承包合同”。

但在2002年《人民日报》又报道和赞扬了福建省惠安县“走马糠农业示范区”大公司参与土地经营，称“带来了革命性的变化”。

2008 年的中央 1 号文件强调，坚决防止和纠正强迫农民流转、通过流转改变土地农业用途等问题，依法制止乡、村组织通过“反租倒包”等形式侵犯农民土地承包经营权等行为。

党的十七届三中全会通过的《中共中央关于推进农村改革发展若干重大问题的决定》审慎地提出，“有条件的地方可以发展专业大户、家庭农场、农民专业合作社等规模经营主体”。

从以上中央针对工商资本流转土地的政策脉络及变化来看，限制工商资本流转土地是 2001 年至 2003 年中央政策的主旋律。但是，对地方做出的公司流转土地的创新模式并没有坚决制止，并审慎鼓励有条件的地方积极探索。

4.1.2　2013 年之后：严格监管

工商资本投资农业的政策在 2013 年又迎来了新的变化。2013 年中央 1 号文件指出：“坚持依法自愿有偿原则，引导农村土地承包经营权有序流转，鼓励和支持承包土地向专业大户、家庭农场、农民合作社流转，发展多种形式的适度规模经营。”此前中央政策均强调土地要在农户之间流转，农户是规模经营的主体。2013 年党的十八届三中全会所作的决定，对土地流转主体作出了与以往不同的解释，指出“鼓励承包经营权在公开市场上向专业大户、家庭农场、农民合作社、农业企业流转，发展多种形式规模经营”，“鼓励和引导工商资本到农村发展适合企业化经营的现代种养业，向农业输入现代生产要素和经营模式”。在这一决定中首次将农业企业作为土地流入主体给予认可。同时，在第一产业土地产出率远低于第二产业，工业用地不断吞占农业用地的背景下（胡志全等，2016），为了警惕工商资本的“非农化和非粮化”，国家亦出台了加强土地用途管制等政策。

2014 年中央 1 号文件进行了调整，号召探索建立工商企业流转农业用地风险保障金制度，严禁农用地非农化。严禁破坏、污染、圈占闲置耕地和损毁农田基础设施。坚决查处通过“以租代征”违法违规进行非农建设的行为，坚决禁止擅自将耕地“非农化”。在“三个不得”的基本原则下，国家强化农地用途管制，在工商资本投向农业前设立门槛，建立严格的农地租赁准入制度，禁止工商资本以“低价格、长时间、大规模”的方式租赁农地。

2015 年中央 1 号文件首次扩大了工商资本进入农业的投资领域，除发展适合的现代种养业外，将农产品加工流通和农业社会化服务也纳入其中，肯定了工商资本发展现代种养业的成果。同时，为了尊重各地方差异、更好地规范工商资本投资农业，指出要尽快制定工商资本租赁农地的准入和监管办法，严禁擅自改变农业用途。进而，在2015年农业部、中央农办、国土资源部、国家工商总局四部门联合下发了《关于加强对工商资本租赁农地监管和风险防范的意见》，对工商资本租赁农地实行分级备案，严格准入门槛，探索建立程序规范、便民高效的工商资本租赁农地资格审查、项目审核制度，健全多方参与、管理规范的风险保障金制度。加强事中事后监管，防止出现一些工商资本到农村流转土地后搞非农建设、影响耕地保护和粮食生产等问题，确保不损害农民权益、不改变土地用途、不破坏农业综合生产能力和农业生态环境。

2016年中央1号文件进一步提出完善工商资本租赁农地准入、监管和风险防范机制，并将经验制度化。同时，农业部印发了《农村土地经营权流转交易市场运行规范》，对土地流转市场运行提出了一系列规范，尤其是对集体对外流转土地以及工商资本下乡等情况进行了明确：工商资本租赁农地应通过公开市场规范进行。鼓励各地加快发展多种形式的土地经营权流转市场，建立健全市场运行规范，明确交易原则、交易内容、交易方式、交易程序、监督管理及相关责任等事项。严禁工商资本借政府或基层组织通过下指标、定任务等方式强迫农户流转农地，凡是整村整组流转的，必须经全体农户书面委托，不能以少数服从多数的名义，将农户承包地集中对外招商经营，防止强迫命令，搞一刀切，防止少数基层干部私相授受，谋取私利。对工商资本租赁农地，要指导其与农户签订规范的流转合同。流转合同中应明确土地流转用途、风险保障、土地复垦、能否抵押担保和再流转，以及违约责任等事项。加强流转合同的履约监督，建立健全纠纷调解仲裁体系，引导流转双方依法依规解决流转矛盾。

党的十九大报告提出要实施乡村振兴战略，随后，2018年中共中央、国务院印发的《乡村振兴战略规划（2018—2022年）》，提出“鼓励工商资本到农村投资适合产业化、规模化经营的农业项目”，明确工商资本的投资领域，主要发展现代种养业、农产品加工流通和农业社会化服务，鼓励投资农业农村、参与乡村振兴建设，警惕工商资本大规模参与土地流转。

从我国2013年以来关于工商资本流转土地的政策变迁来看，虽然放松了对工商资本投资农业的规制，转向鼓励和引导工商资本投资相关领域，但是从探索建立工商企业流转农业用地风险保障金制度—制定工商资本租赁农地的准入和监管办法—完善工商资本租赁农地准入、监管和风险防范机制—制定引导和规范工商资本投资农业农村的具体意见，工商资本流转土地的监管机制正在不断完善。

4.2　工商资本推动农业产业化发展的政策梳理

国家寄希望于利用工商资本的资金丰裕优势，推动农业产业化发展。因此，本部分以我国中央 1 号文件为主线，阐述我国工商资本投资农业的政策变迁。

4.2.1　20 世纪 80 年代：鼓励工商资本投资农副产品流通加工业和农村基础设施建设

改革开放后，工商资本进入农业在政策上得到大力支持，1982—1986 年 5 年的中央 1 号文件都有关于工商业服务农业的提法（表 4-1）。从表 4-1 中可以看出，20 世纪 80 年代主要鼓励工商资本进入农副产品流通加工业以及农村基础设施建设，该阶段鼓励工商资本进入农业的规模和涉及的范围并不大。

表 4-1　1982—1986 年中央 1 号文件涉及工商资本投资农业的内容梳理

中央文件名称及年份	对工商业服务农业的提法	对工商部门在农业中发挥作用的关注点及内容
1982 年中央 1 号文件：《全国农村工作会议纪要》	立足于改善农村商品流通	改善农村商品流通，疏通流通渠道，各级商业部门要积极开展推销采购任务；鼓励商业部门收购并加工农产品，走“收购—加工—销售”的路子
1983 年中央 1 号文件：《当前农村经济政策的若干问题》	提出走“农工商综合经营的道路”	发展合作商业，指出合作商业组织在搞活农村经济和促进城乡物资交流中发挥了积极作用。国营商业、外贸、轻工各部门以及供销社要和农民建立多种形式的经济联系和联合经营
1984 年中央 1 号文件：《关于一九八四年农村工作的通知》	国营经济各部门、各行业都要大力支援农业	发展多种形式的农工商联营、扶持生产、开拓销路、促进多产畅销；农业银行要切实做好农村信贷服务工作；鼓励国家社会力量建设冷藏库、仓库、交通、通信等商品流通基础设施
1985 年中央 1 号文件：《关于进一步活跃农村经济的十项政策》	兴办交通事业、放活农村金融政策、积极发展和完善农村合作制度	在经济发达地区，提倡社会集资修建公路；适当发展民间信用；鼓励国家、集体、个人以合作形式兴办农村加工、供销、科技等服务性事业

（续）

中央文件名称及年份	对工商业服务农业的提法	对工商部门在农业中发挥作用的关注点及内容
1986年中央1号文件：《关于一九八六年农村工作的部署》	立足农村生产商品化，并未提出工商业服务农业	流通领域坚持多渠道经营；以农产品为原料的加工厂，要从多方面为原料产地提供服务，逐步做到以加工指导生产、带动生产

注：根据相关政策文件整理。

4.2.2　20世纪90年代：鼓励工商资本推动农工商一体化发展

20世纪90年代，随着乡镇企业的整顿和改革，工商资本投资农业变得谨慎。从1989年起，国家压缩基本建设，调整产业、行业、产品结构，对乡镇企业采取了“调整、整顿、改造、提高”的方针，在税收、信贷方面的支持和优惠措施减少，政策也明确规定“乡镇企业发展所需的资金，应主要靠农民集资筹措”，“进一步提倡乡镇企业的发展要立足于农副产品和当地原料加工”。尽管如此，工商资本投资农业的规模还是逐步得到了发展壮大。

20世纪90年代后期，党的十六届四中全会明确指出：“农业是安天下、稳民心的战略产业，必须始终抓紧抓好。纵观一些工业化国家发展的历程，在工业化初始阶段，农业支持工业、为工业提供积累是普遍性趋向；但在工业化达到相当程度以后，工业反哺农业、城市支持农村，实现工业与农业、城市与农村协调发展，也是普遍性趋向。”十分鲜明地提出和确立了我国“工业反哺农业”的重要政策取向，而做出“工业反哺农业”的重大转变经历了长时间的理论考察，工商资本投资农业也变得比较谨慎。

4.2.3　21世纪初期：从谨慎推进到鼓励工商资本投资种养业

从政府决策层面来看，工商资本投资农业的既有政策经历了较大变化。2001年中共中央发布了《中共中央关于做好农户承包地使用权流转工作的通知》，明确了土地流转和规模经营的主体，指出“农村土地流转应当主要在农户间进行”，“中央不提倡工商企业长时间、大面积租赁和经营农户承包地，地方也不要动员和组织城镇居民到农村租赁农户承包地”。同时还强调，“不能用少数服从多数的办法强迫农户放弃承包权或改变承包合同”，由此可以看出国家对工商资本投入农业持比较谨慎的态度。2012年国务院印发了《关于支持农业产业化龙头企业发展的意见》，详细全面地制定了农业龙头企业投资农业的相关政策措施，对农业龙头企业投资农业进行了规范，支持龙头企业带动农户发展设施农业和规模养殖，开展多种形式的适度规模经营，充分发挥龙头企业示范引领作用。进入 21 世纪，至 2012 年各年中央 1 号文件涉及工商业服务农业的提法详见表 4－2。

表 4－2　2004—2012 年中央 1 号文件涉及工商资本投资农业内容

中央文件名称及年份	对工商业服务农业的提法	对工商部门在农业中发挥作用的关注点及内容
2004 年中央 1 号文件：《中共中央 国务院关于促进农民增加收入若干政策的意见》	加强农村基础设施建设，为农民增收创造条件	鼓励和引导各种社会资本投向农业和农村；鼓励有条件的地方，在严格监管、有效防范风险的前提下，通过吸引社会资本和外资，积极兴办直接为“三农”服务的多种所有制的金融组织
2005 年中央 1 号文件：《中共中央 国务院关于进一步加强农村工作提高农业综合生产能力若干政策的意见》	改革和完善农村投融资体制，健全农业投入机制	进一步放宽农业和农村基础设施投资领域，财务贴息、补助、税收等措施，发挥国家农业资金投入的导向作用，鼓励社会资本积极投资开发农业和建设农村基础设施。有条件的地方，可以探索建立更加贴近农民和农村需要、由自然人或企业发起的小额信贷组织
2006 年中央 1 号文件：《中共中央 国务院关于推进社会主义新农村建设的若干意见》	明确以工促农、推进农业现代化建设	统筹城乡经济社会发展，实行工业反哺农业、城市支持农村和“多予少取放活”等方针；加强农村现代流通体系建设，鼓励商贸企业、邮政系统和其他各类投资，通过新建、兼并、联合、加盟等方式，在农村发展现代流通业；鼓励各种社会力量参与发展农村卫生事业；鼓励在县域内设立多种所有制的社区金融机构，允许私有资本、外资等参股
2007 年中央 1 号文件：《中共中央 国务院关于积极发展现代农业扎实推进社会主义新农村建设的若干意见》	加大对“三农”的投入力度，积极发展多元化市场流通主体	引导农民和社会各方面资金投入农业，鼓励农民和社会力量投资现代农业；大力发展农村连锁经营、电子商务等现代流通方式，支持农村流通基础设施建设和物流企业发展；鼓励各类工商企业通过收购、兼并、参股和特许经营等方式，参与农村市场建设和农产品、农资经营，培育一大批涉农商贸集团
2008 年中央 1 号文件：《关于切实加强农业基础建设进一步促进农业发展农民增收的若干意见》	加强农村市场建设	通过实施财税、信贷、保险等政策，鼓励商贸、邮政、医药、文化等企业在农村发展现代流通业

（续）

中央文件名称及年份	对工商业服务农业的提法	对工商部门在农业中发挥作用的关注点及内容
2009年中央1号文件：《中共中央 国务院关于2009年促进农业稳定发展农民持续增收的意见》	提出“强化现代农业物质支撑和服务体系”	支持大型连锁超市和农产品流通企业开展农超对接；支持流通企业与生产企业合作建立局域性农村商品采购联盟；支持供销合作社、邮政、商贸企业和农民专业合作社等加快农资连锁经营
2010年中央1号文件：《关于加大统筹城乡发展力度 进一步夯实农业农村发展基础的若干意见》	提高农村金融服务质量和水平；积极引导社会资源投向农村和农业	加快培育村镇银行、贷款公司、农村资金互助组，有序发展小额贷款组织，引导社会资金投资设立适应“三农”需要的各类新型金融组织；各部门各行业要主动服务农业
2012年中央1号文件《关于加快推进农业科技创新持续增强农产品供给保障能力的若干意见》	提升农村金融服务水平；改善农业科技创新条件	发展多元化农村金融机构、鼓励民间资本进入农村金融服务领域；积极引导和鼓励金融信贷、风险投资等社会资金参与农业科技创新创业；多渠道筹集资金，增加农业综合开发投入

4.2.4 党的十八届三中全会后：鼓励和监管并重，引导工商资本投资农业

工商资本投资农业的相关政策在2013年又迎来了新的变化。2013年中央1号文件指出：“坚持依法自愿有偿原则，引导农村土地承包经营权有序流转，鼓励和支持承包土地向专业大户、家庭农场、农民合作社流转，发展多种形式的适度规模经营。”探索建立严格的工商企业租赁农户承包耕地（林地、草原）准入和监管制度。规范土地流转程序，逐步健全县、乡、村三级服务网络，强化信息沟通、政策咨询、合同签订、价格评估等流转服务。加强农村土地承包经营纠纷调解仲裁体系建设。此前中央政策均强调土地要在农户之间流转，农户是规模经营的主体。2013年党的十八届三中全会所作的决定，对土地流转主体作出了与以往不同的解释，指出“鼓励承包经营权在公开市场上向专业大户、家庭农场、农民合作社、农业企业流转，发展多种形式规模经营”。“鼓励和引导工商资本到农村发展适合企业化经营的现代种养业，向农业输入现代生产要素和经营模式。”这一决定首次将农业企业作为土地流入主体给予认可。2013年中央1号文件也提出“鼓励城市工商资本到农村发展适合企业化经营

的种养业”。同时，在第一产业土地产出率远低于第二产业，工业用地不断吞占农业用地的背景下（胡志全等，2016），为了警惕工商资本的“非农化”和“非粮化”，政府亦出台了加强土地用途管制等政策。

随后，由于个别工商资本存在着经营不善，农民土地租金不能及时到位，土地非农化等问题，2014 年中央 1 号文件进行了调整，号召探索建立工商企业流转农业用地风险保障金制度，严禁农用地非农化。严禁破坏、污染、圈占闲置耕地和损毁农田基础设施。坚决查处通过“以租代征”违法违规进行非农建设的行为，坚决禁止擅自将耕地“非农化”。在“三个不得”的基本原则下，国家强化农地用途管制，在工商资本投资农业前设立门槛，建立严格的农地租赁准入制度，禁止工商资本以“低价格、长时间、大规模”的方式租赁农地。

为更好地规范工商资本下乡，2015 年农业部、中央农办、国土资源部、国家工商总局四部门联合下发了《关于加强对工商资本租赁农地监管和风险防范的意见》，对工商资本租赁农地实行分级备案，严格准入门槛，探索建立程序规范、便民高效的工商资本租赁农地资格审查、项目审核制度，健全多方参与、管理规范的风险保障金制度。加强事中事后监管，防止出现一些工商资本到农村流转土地后搞非农建设、影响耕地保护和粮食生产等问题，确保不损害农民权益、不改变土地用途、不破坏农业综合生产能力和农业生态环境。2016 年中央 1 号文件进一步提出完善工商资本租赁农地准入、监管和风险防范机制，并将经验制度化。同时，农业部印发了《农村土地经营权流转交易市场运行规范》，对土地流转市场运行提出了一系列规范，尤其是明确了集体对外流转土地以及工商资本下乡等情况，如工商资本租赁农地应通过公开市场规范进行。文件鼓励各地加快发展多种形式的土地经营权流转市场，建立健全市场运行规范，明确交易原则、交易内容、交易方式、交易程序、监督管理及相关责任等事项。严禁工商资本借政府或基层组织通过下指标、定任务等方式强迫农户流转农地，凡是整村整组流转的，必须经全体农户书面委托，不能以少数服从多数的名义，将农户承包地集中对外招商经营，防止强迫命令，搞“一刀切”，防止少数基层干部私相授受，谋取私利。对工商资本租赁农地，要指导其与农户签订规范的流转合同。流转合同中应明确土地流转用途、风险保障、土地复垦、能否抵押担保和再流转，以及违约责任等事项。加强流转合同的履约监督，建立健全纠纷调解仲裁体系，引导流转双方依法依规解决流转矛盾。2017 年中央 1 号文件提出研究制定引导和规范工商资本投资农业农村的具体意见，工商资本下乡开始进入制度完善化阶段。

党的十九大报告提出要实施乡村振兴战略，坚持农业农村优先发展。随后，2018 年中共中央、国务院印发的《乡村振兴战略规划（2018—2022 年）》，提出“鼓励工商资本到农村投资适合产业化、规模化经营的农业项目，提供区域性、系统性解决方案，与当地农户形成互惠共赢的产业共同体”。2018 年中央 1 号文件提出，制定鼓励引导工商资本参与乡村振兴的指导意见，落实和完善相关扶持政策，支持乡村建设。此后，各地鼓励引导工商资本参与乡村振兴的建设，并加快制定指导意见，形成了“发展现代种养业—发展现代种养业、农产品加工流通和农业社会化服务—投资农业农村—参与乡村振兴建设”的发展趋势变化，工商资本下乡投资领域逐步扩展。2020 年中央 1 号文件继续提出引导和鼓励工商资本投资农业，优化农业农村投资环境，营造良好政策环境。

2013 年以来中央 1 号文件涉及工商资本投资农业具体内容见表 4 - 3。

表 4 - 3　2013 年以来中央 1 号文件涉及工商资本投资农业内容

中央文件名称及年份	对工商业服务农业的提法	对工商部门在农业中发挥作用的关注点及内容
2013 年中央 1 号文件：《中共中央 国务院关于加快发展现代农业进一步增强农村发展活力的若干意见》	提高农产品流通效率；改善农村金融服务	支持供销合作社、大型商贸集团、邮政系统参与农产品流通；支持社会资本参与设立新型农村金融机构；鼓励企业和社会组织财务投资筹资、人才和技术支持等方式在农村兴办医疗卫生、教育文体等各类事业，鼓励企业以多种投资方式建设农村生产生活基础设施；探索建立严格的工商企业租赁农户承包耕地准入和监管制度
2014 年中央 1 号文件：《关于全面深化农村改革加快推进农业现代化的若干意见》	推进农业科技创新；构建新型农业经营体系	采取多种方式，引导和支持科研机构与企业联合开发，引导金融信贷、风险投资等进入农业科技创新领域；探索工商企业流转农业用地风险保障金制度，鼓励地方政府和民间出资设立融资性担保公司，支持具有资质的经营性服务组织从事农业公益性服务；支持有社会资本设立服务“三农”的限于中小型银行和金融租赁公司
2015 年中央 1 号文件：《关于加大改革创新力度加快农业现代化建设的若干意见》	强化农业科技创新驱动作用及农业社会化服务；创新农产品流通方式，引导和鼓励社会资本投向农村建设	加强对企业开展农业科技研发的引导扶持，使企业成为技术创新和应用的主体；支持电商、物流、商贸、金融等企业参与涉农电子商务平台建设；采取购买服务等方式，鼓励和引导社会力量参与公益性服务，鼓励社会资本投向农村基础设施建设和在农村兴办各类事业，鼓励工商资本发展适合企业化经营的现代种养业、农产品加工流通和农业社会化服务；鼓励各类商业银行创新“三农”金融服务

（续）

中央文件名称及年份	对工商业服务农业的提法	对工商部门在农业中发挥作用的关注点及内容
2016年中央1号文件:《关于落实发展新理念加快农业现代化实现全面小康目标的若干意见》	发挥多种形式农业适度规模经营引领作用；完善农业产业链与农民的利益联结机制	完善财税、信贷保险、用地用电、项目支持等政策，加快形成培育新型农业经营主体的政策体系，进一步发挥财政资金引导作用，撬动规模化经营主体增加生产性投入。完善工商资本租赁农地准入、监管和风险防范机制。通过政府与社会资本合作、贴息、设立基金等方式，带动社会资本投向农村新产业新业态。巩固和完善“合同帮农”机制，为农民和涉农企业提供法律咨询、合同示范文本、纠纷调处等服务
2017年中央1号文件:《关于深入推进农业供给侧结构性改革加快培育农业农村发展新动能的若干意见》	大力发展休闲农业和乡村旅游；改革财政支农投入机制	引导和支持社会资本开发农民参与度高、受益面广的休闲旅游项目。创新财政资金使用方式，推广政府和社会资本合作，实行以奖代补和贴息，支持建立担保机制，鼓励地方建立风险补偿基金，撬动金融和社会资本更多投向农业农村。鼓励地方政府和社会资本设立各类农业农村发展投资基金。在符合有关法律和规定的前提下，探索以市场化方式筹集资金，用于农业农村建设。研究制定引导和规范工商资本投资农业农村的具体意见
2018年中共中央、国务院《关于实施乡村振兴战略的意见》	加快制定鼓励工商资本参与乡村振兴的指导意见，落实和完善融资贷款、配套设施建设补助、税费减免、用地等扶持政策，明确政策边界，保护好农民利益	投资领域扩展至乡村振兴；落实完善扶持政策
2018年中共中央、国务院《乡村振兴战略规划（2018—2022年）》	鼓励工商资本到农村投资适合产业化、规模化经营的农业项目，提供区域性、系统性解决方案，与当地农户形成互惠共赢的产业共同体	明确投资领域，工商资本投资农业过程中要保障农民利益
2018年中央1号文件《中共中央国务院关于实施乡村振兴战略的意见》	制定鼓励引导工商资本参与乡村振兴的指导意见，落实和完善相关扶持政策，支持乡村建设	鼓励引导参与乡村振兴，落实完善扶持政策

资料来源：根据相关政策文件整理。

从我国关于工商资本的政策变迁来看，随着宏观经济形势不断变化，出台的相关政策在不断完善，为工商资本投资农业提供了政策保障，使工商资本更好地服务“三农”。

4.3 工商资本投资农业现状：投资动机

为分析工商资本投资农业的现状，进入农业的动机是工商资本投资行为的出发点，或者说是进入农业的直接目的。厘清工商资本投资农业的主要动机，有助于本研究对工商资本投资农业契约选择行为的分析。因此，本节梳理了相关文献，并结合本研究的农村调研，对工商资本投资农业的动机分类分析，并进行了初步判断。

4.3.1 中央政府管制放松和地方政府政策激励吸引

21世纪以来，尤其自2002年开始，随着我国经济快速增长、农业劳动力大量转移与城镇化进程加快，我国现代农业发展方兴未艾，农业投资开始呈现增长态势（刘平青，2004）。从政策层面来看，关于农业外部资本进入农业的相关政策逐渐放松，尤其是土地流转市场的管制放松，是工商资本进入农业的重要制度基础，使工商资本投资农业成为可能。

政策激励因素吸引着大量工商资本投资农业。10多年来，中央连续出台了多项强农惠农政策，极大地改善了经营农业的政策环境，降低了行业准入门槛和生产风险。除了工商资本进入农业的政策环境较为宽松、进入农业的门槛降低外，工商资本进入农业还受到政策性收益的吸引。在政策的落实方面，部分地方政府官员沿用发展工业的思路来发展现代农业，希望通过招商引资来达到发展当地农业的目的，成为提高政府部门业绩的一个方面，为今后晋升奠定基石。在对待外来资本投资上，当地政府持欢迎态度，认为工商资本是促进地区经济发展的快捷之路。当外来投资者需要土地，而农业发展需要资本的时候，两者就容易达成合作（吕亚荣、王春超，2012）。此外，政府以资金、实物或项目建设等形式，对工商资本发展农业提供了补助。尽管它是非经常性的，在税收减免等优惠政策下，由于减少或免除了工商资本的一部分税费支出，工商资本的收益也会增加。这部分收益也可称为“政策性收益”。因此，在中央政府政策管制放松和地方政策激励的双重作用下，工商资本投资农业不仅是可行的，而且还可能是有利可图的。

为探究政策激励是否是工商资本投资农业的动机之一，本研究在针对工商资本的调查问卷中，设置了相关的问题。从调研结果来看，调研的 120 家企业中，有 118 家企业对问卷中“是否获得补贴”问题作答，其中 86 家企业曾经获得农业补贴，另外 32 家企业未获得支持。从地域上来看，云南省有 64 家企业获得补贴，湖北省是 16 家，广东省是 2 家，占所在省份调研企业比例分别为 96.97%、100%和 5.27%。从总体调研情况来看，工商资本由于投资农业而获得补贴的比例很高。由此看来，投资农业对工商资本来说，政策环境是相对宽松的，而且从一定程度上来说目前的政策存在一定的激励作用，甚至可以获得一定的补贴。因此，中央政府管制放松降低了工商资本进入农业的门槛，地方政府的政策激励在一定程度上吸引了工商资本进入农业，获得政策性收益或者直接的补贴成为工商资本进入农业的动机之一。

4.3.2　农业资源吸引

在市场经济中，企业的竞争力最终表现为谁占有不可替代的资源，包括人力资源和自然资源。农业属于资源型行业，如光照条件和独特的气候，这些资源具有不可模拟性或移植性，在一定范围内可以形成垄断。尤其是农业项目赖以依附的土地，其稀缺性日益显现，其独占性和不可再生性导致土地价格逐渐上涨。尽管当前农村土地不允许买卖，但是长期租赁土地的做法是普遍的，部分土地租赁期限长达 50 年之久。加上飞速上涨的城市土地价格，人们对农村土地未来价格形成看涨的预期。长期租赁的土地成为吸引工商资本投资农业的重要资源。工商资本抢先占有这些资源可以提高企业竞争力，部分工商资本受资源吸引而投资农业项目（刘平青，2004）。

从调研的 120 家工商资本来看，104 家企业或个人有流转土地的行为，占比高达 86.67%。从流转的土地类型来看，36 家流转的是耕地，65 家流转的是山地，其余 3 家流转了其他类型土地。从土地流转的面积来看，平均流转面积为 1 778.73 亩，但标准差高达 4 596.98。区分不同土地类型，耕地的平均流转面积为 836.17 亩，而山地的平均流转面积为 2 286.26 亩。按不同地域来看，云南的平均流转面积为 2 273.53 亩；湖北为 1 285.4 亩；广东为 1 190.47 亩（表 4-4）。我国户均耕地不足 8 亩[①]，与工商资本平均流转土地动辄上千亩来看，工商资本进入农业流转的土地涉及的农户众多，流转面积非常大。

---

① 数据来自 http://news.xinhuanet.com/politics/2015-07/05/c_127985450.htm。

表 4-4 工商资本流转土地情况

流转土地	分类	调研对象（个）	平均土地流转面积（亩）	标准差
按土地类型分	耕地	35	836.17	1 315.74
	山地	65	2 286.26	5 569.72
按地域分	云南	53	2 273.53	6 121.38
	湖北	15	1 285.4	2 318.76
	广东	32	1 190.47	1 144.93
总体		100	1 778.73	

数据来源：实地调研整理所得。

综上所述，农业资源尤其土地是吸引工商资本投资农业的主要因素。实践中，大量工商资本进入农业后，大规模进行土地流转，获得耕地和山地的使用权。

4.3.3 农产品价格持续上涨和高质量农产品需求刺激

近年来，一方面，由于生产资料、劳动力等生产成本上升、物流费用增加等因素，导致农产品价格持续上涨，部分小宗农产品甚至轮流大涨。另一方面，随着生活水平的不断提高，人们普遍关注食品安全和品质，对优质、安全、方便的农产品需求旺盛，希望获得更加安全、更高质的农产品。农产品的价格变化和质量要求提高表明，人们对农产品的市场需求结构正在发生深刻变化，农业正在步入高质高价时代。从国家政策层面来说，为不断满足人民日益增长的美好生活的需要，尤其对高质量农产品的需求，发展高质量农业、实行农产品供给侧改革已经成为我国农业农村发展的重中之重。

对企业来说，潜在的市场需求是巨大的商机。农产品价格持续上涨、高质量农产品需求大增，还有国家发展高质量农业政策以及对农产品供给侧改革支持，以上四个方面足以表明农业产业是朝阳产业，农业市场前景被普遍看好。因此，对很多企业来说，农业的“价值洼地”效果凸显，农业领域具有很大的投资吸引力。更重要的是，优质安全农产品市场的利好预期刺激工商资本进入农业，希望通过发展农业获得丰厚的利润回报。

4.3.4 企业寻找资金出路和利润

在当前资金充裕、投资热点缺乏的市场环境和宏观经济形势下，二、三产业的多数领域形成了激烈的竞争格局、发展空间受限、投资风险趋高（贺军伟，2013），倒逼着工商资本寻找新的出路和利润增长点，驱使它们进入比较有发展潜力和相对安全的领域，以占用更多的资源，扩大发展空间。在逐利本性下，大量资本进入门槛较低的农业，希望找到新的利润点。

根据以上的逻辑，寻找资金出路和利润增长点，导致工商资本投资农业。接下来，我们再从实践情况来验证以上的判断。从调研的情况来看，工商资本大多种植收益较高经济作物，来寻找利润增长点。调研的 120 家工商资本中，只有少数几家企业种植粮食，大部分工商资本流入土地后经营收益较高的经济作物，如林木、水果、蔬菜等，或者采取综合经营，如利用农业多功能性发展休闲农业。主要原因在于经济作物的收益远远高于粮食作物。为追求较高的利润，工商资本均选择收益较高的经济作物。就连种植粮食的几家调研样本企业，他们种植的也不是普通的粮食，而是价值比较高的有机水稻。因此，几乎所有的工商资本均趋向利润较高的农业产业，一方面为自有资本寻找出路，另一方面寻找更有效的利润增长点。

4.3.5　企业多元化战略推动

与发达国家走向归核化相比，我国企业大规模实施多元化战略。自 20 世纪 90 年代中期起，我国企业便开始大规模实施多元化，致力于打造业界航空母舰。虽然亚洲金融风暴重创了热衷于建造巨型企业的韩国，但我国企业对多元化经营的热情并未因此消退，反而在进入 21 世纪后加快了多元化的步伐。2005 年跨两个、三个和四个行业的上市企业占所有企业的比例分别为 26.77%、24.12%和 15.27%（曾进，2009）。

一方面，在我国企业大规模实施多元化战略的背景下，长期扎根在制造业和服务业的工商资本在不断寻找多元化发展过程中，外来投资进入农业管制的放松尤其是土地流转政策的变化，为工商资本投资农业带来契机。另一方面，农业产业尤其是高质量农业的发展前景，吸引着工商资本实施多元化发展战略，投资农业领域寻找企业发展新目标。

4.4　工商资本投资农业的路径选择

上文阐述了受到政策激励、农业资源、高质量农业发展需求等诸多因素吸引，工商资本计划投资农业领域。那么，进入农业领域以后，工商资本首先面临着以何种路径投资农业。本研究结合云南、广东和湖北三省的调研情况，从产地选择、产业选择和产品选择三个方面概括工商资本投资农业的路径（图 4-1），以达到降低投资成本、交易成本和投资风险的目的。

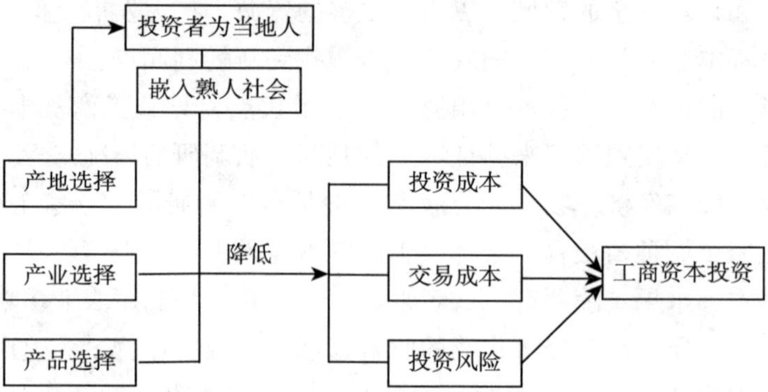

图 4-1　工商资本投资农业的路径选择

4.4.1　工商资本投资农业的产地选择

工商资本以怎么样的方式投资农业，首先要选择农业生产的地区，作为农产品生产基地。以下是结合本项目调研情况，总结工商资本投资农业选择的产地类型。

（1）农业资源丰富地区

工商资本投资农业首先选择农业资源丰富地区作为农业产地。农业生产是自然再生产的过程，与气候条件、地理环境等息息相关，不同的自然条件造就了当地特色的农产品。因此，农业资源丰富地区是工商资本投资产地的首要选择，工商资本结合当地农业特色，投资具有比较优势的农业产业。如云南地处云贵高原和青藏高原的接合处，地势高低悬殊、地形复杂，造就了云南生物宝库的独特性，其得天独厚的条件尤为适合中草药的种植。因此，云南成为工商资本投资农业的重要地区，许多投资者以种植滇重楼、草乌、三七、石斛等中草药为主。

（2）形成农业产业集群的农业产业区

工商资本投资农业的产地，倾向于选择已经形成农业产业集群的农业产业区。农业产业区是以具有资源优势的特定农产品为核心的农业产业集群，集中了专业的农产品生产者、加工者、销售者以及科研、服务机构，具有规模化和专业化的特点，能够发挥集聚经济效应，对提升当地农业产业的整体竞争力有明显的优势（郑风田等，2005）。农业产业区为农业投资提供坚实的基础，降低了工商资本的投资成本，缩短投资回报期以及提高投资的成功率，是工商资本产地选择的重要目的地。

除了大量农业生产者聚集形成规模效应和地域品牌，社会化服务供给也是农业产业区的重要组成部分（图 4－2）。以广东省梅州市为例，梅州市是工商资本投资广东农业的主要地区之一，原因在于：第一，梅州农业产业集聚。梅州是农业大市，梅州金柚、平远慈橙和嘉应茗茶是其特色产业，建立了地域品牌，已形成一定的生产规模。第二，更重要的是梅州农业社会化服务已成规模，已有超过 70 家经营性社会化服务主体，为农户农业生产提供服务。例如，梅县建立了集农资销售、农事服务、农产品购销、土地托管为一体的“农业服务超市”6 家，为 123 个 30 亩以上的果园提供上中下游全链条服务，为 2 000 多户农户开展农机及果园滴灌技术服务，销售农资 414.8 万元，购销农产品 7 200 吨。[①] 此外，梅州农产品流通服务较为发达。当地已形成了大宗供销、市场专柜、社区直供和电子商务四大流通方式，有助于农特产品销往省内外。

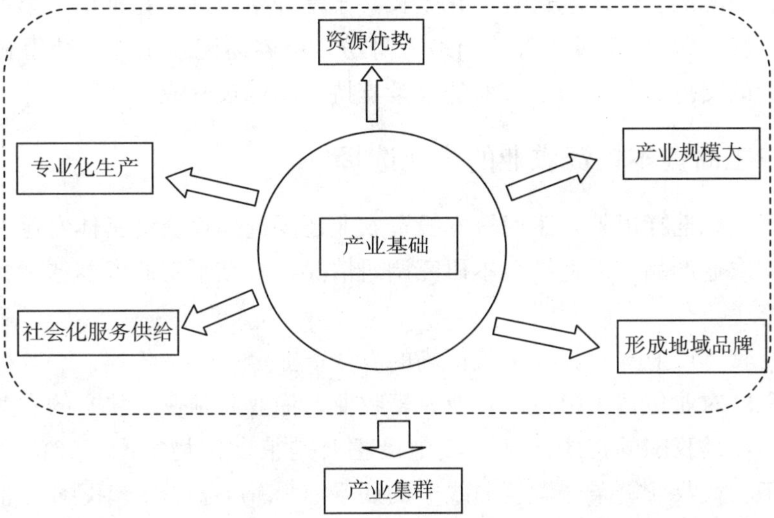

图 4－2　农业产业区是工商资本投资产地选择的基础

农业社会化服务供给还包括当地的农业科研、服务、政策支持等软实力。农业社会化服务供给的缺失，有可能导致当地农业经营的失败。例如，贵州一个失败的农业投资案例，就是由于农产品有机认证服务的缺失，导致了投资企业难以获得相应回报。具体缘由是，一家大型工商资本到贵州投资种植高质量水果，需要获得农产品有机认证，才能进入高端消费市场。尽管当地政府非常重视，多方协助办理有机认证，但是由于缺乏从事有机认证的机构和相关人

① 数据来自梅州市农业信息网 http：//agri.meizhou.gov.cn/nygk/2015-03-13/1426176000d33345.html。

才，因此，公司历时两年未能在当地获得有机认证，最终撤销投资。

（3）投资者家乡

工商资本投资农业倾向于选择投资者的家乡作为投资地。笔者在与投资者的访谈过程中发现，许多投资者是回到家乡进行农业投资。原因有以下几个方面：第一，部分投资者抱着回报家乡、带动当地致富的美好愿望发展农业。广东省梅州市有大量这类投资者，当地把这部分人称为“致富耕山”群体，即在外地或者在二、三产业获得财富后，回到家乡投资农业。第二，投资者了解家乡的情况，容易发现投资农业的商机。如广东省韶关市翁源县江尾镇已形成兰花种植基地，被誉为“中国兰花之乡”。据当地农户介绍，当地之所以种植兰花，是源于多年前在佛山市顺德工作的村民发现，花卉行业有很好的发展前景，而且翁源的气候环境适宜兰花生长，于是开始引进兰花种植。第三，农村是“熟人社会”，由于投资者的当地人身份，更容易流转土地、获得村民和当地村委会的支持、甚至当地政府的政策支持，降低投资成本。

4.4.2 工商资本投资农业的产业选择

除了产地选择以外，工商资本投资农业还要选择投资的具体农业产业、生产环节和农业产品。下文结合本研究调研情况，总结了工商资本选择的产业及相关内容。

（1）具体产业选择：经济价值高的农业产业

广义的农业包括种植业、林业、畜牧业、渔业和副业；狭义的农业指种植业。种植业是我国的传统产业，其中最主要是粮食作物生产，经济收益比较低，位于农业收益链条“微笑曲线”的底端（陈靖，2013）。我国农业以小农经营为主，他们大部分以主粮种植与副业的兼业形式，维持着农业经营和家庭生计。为增加农业收益，政府不断推动规模化经营，促进农业产业多元化，增加农业附加值。工商资本进入农业要选择具体的农业产业。为了获取更高的利润，工商资本投资农业大多不限于传统的农业，不再种植普通的主粮，而是选择投资经济价值高的农业产业（表4-5）。

表4-5 工商资本投资的农业产业

农业产业	水果	蔬菜	苗木	林下作物	粮食	其他	总计
调研样本	44	8	13	29	7	3	120

数据来源：实地调研整理所得。

从云南、湖北和广东三省的问卷调查来看，水果、蔬菜、药材、苗木和林下作物等经济价值高的农业产业是工商资本投资的主要对象，水稻等粮食作物由于经济价值低、收益少，难以获得工商资本的青睐。总的来说，样本企业选择进入的农业领域均是各种高投入、高附加值的产业，非粮化倾向明显。

(2) 产业环节选择：基于产业链视角

随着现代社会专业化分工不断深化，企业专注的生产领域更小、生产环节更具体。工商资本选择了具体产业以后，还需要确定从事哪一环节生产。本部分借助现代农业产业链工具，分析工商资本对农业产业及产业环节的选择。现代农业产业链属于宽长型结构，是建立在现代知识、信息和技术基础上，涉及企业、政府、农户和金融机构等多个农业经营主体和服务机构，具有延展性，向前可以延伸到种源、农药、化肥和农业机械设备的供给，向后则可以延伸到初次加工和深加工，以及销售服务部门。同时，每个阶段又存在着横向拓展，如播种和农作物生长过程中所需的技术、信息、金融等服务的供给；全自控、现代化的育苗、育种车间及大小式样各异的塑料大棚，可有效地带动农用物资加工、设施农业及相关产业的发展；生产中紧密结合当地自然资源，利用作物生长全过程以及现代化农业的观赏性，开拓具有娱乐性、参与性、文化性的休闲观光农业（刘贵富，2006）。

与传统农业企业相比较，工商资本的投资不再局限于传统农业的种养，而是以农作物种植为基点，不断拓宽农业产业链，实现向前和向后部门的纵向延伸，实现产业间横向拓展，增加农产品附加价值，提升农业的比较利益，促进现代农业发展。通过与投资者的访谈，笔者了解到许多工商资本未来发展计划不仅仅限于第一产业的生产，更重视第二产业的食品加工，甚至涉及第三产业的生态休闲农业。工商资本本身来自二、三产业，企业负责人具有开阔的思维，更倾向于建立农工商或贸工农一体化的经营体系，实行纵向一体化，不仅涉足生产环节，更重要的是加工环节，实现产业链条的延长和优化，最大幅度地获得农产品的价值（图 4-3）。

由此，下文基于产业链视角，结合本研究调研获得的相关案例，具体阐述工商资本的三种类别。

一是农业产业链延伸型，包括前向一体化型和后向一体化型。前向一体化型工商资本，即企业原属于产业链的后端生产环节，如农产品加工和销售，现在为了有稳定原料来源直接进行农业生产而投资农业。例如，本研究调研的样本企业——韶关市曲江祥合蔬菜示范基地，就是典型的前向一体化型工商资本。该公司负责人自 1995 年开始从事蔬菜批发，在广州江南蔬菜批发市场有销售门店，年交易量 200 吨以上。为获得稳定的蔬菜批发原料来源，该公司

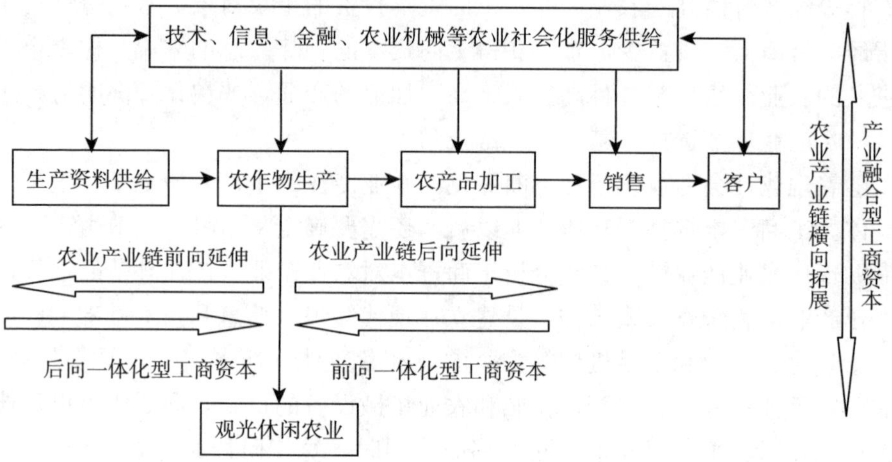

图4-3　现代农业产业链与工商资本投资环节

2009年在韶关市曲江区建立了蔬菜生产基地，基地面积1 000多亩，年产蔬菜8 000吨。目前，基地建有食品保鲜冷库3个，库容达1万多立方米，包装车间1个，面积达1 000多平方米，有机肥配方车间1个，面积达1 000多平方米。该基地实行“水肥药”一体化管理模式，成为“绿色蔬菜”生产基地。未来，该公司计划利用“公司+农户”模式带动农户种植蔬菜，辐射至附近的乡镇，形成大规模种植基地，为珠三角的蔬菜批发形成稳定的产品来源。而后向一体化型工商资本，即企业原属于各农资供应部门，属于产业链前端生产环节，现直接从事农业生产，如饲料部门、化工部门、农业机械制造部门，利用自有资源和技术，建立种植基地进行直接的农业生产。

二是产业融合型工商资本。即工商资本原没有从事农业，现除了从事农业生产外，还实现农业产业链的向前向后延伸，或者提供农业社会化供给，或者发展休闲观光农业。例如，本研究调研的样本企业——梅州市广东梅龙柚果股份有限公司就是典型的产业融合型工商资本。该企业负责人原来从事医药行业，自2011年开始种植柚子，同时仓储和销售柚子、加工柚果，为果农提供农药、化肥、农膜等农资服务。公司采取“公司+基地示范推广+农资配套+合作社+农户”五位一体的生产管理模式，是广东省农业龙头企业。目前，该公司建成1 000亩种植基地、2家农业服务超市，正在建设面积达14 000多平方米的大型金柚加工、仓储配送中心。该公司转入约1 000亩山地建成柚子种植基地，这些土地大多通过村委会和村民小组协调，与农民签订书面土地流转合同，流转期限为30年。公司带动农户成立梅龙柚果专业合作社，有社员

262 户，以金柚加工销售和农资服务为纽带，发展农业服务超市为社员和农户提供金柚收购、精选、加工、包装、销售和农资农技一体化服务。另一个典型的企业是湘南枇杷园，其法人早年到广东省韶关市经营水利站、电站和工程，自 2002 年起转租“民营绿色现代园”，种植枇杷、杨梅、桉树等水果和林木。目前，该企业利用 1 000 多亩山地，其中 1 200 亩枇杷和 200 多亩杨梅；1 亩种 25 株果苗，共种了 3 万多株果苗，其中包括 6 000 多株杨梅，现园区已经投入 1 300 万元，2010 年和 2011 年终于迎来了收益期，分别盈利 260 万元和 110 万元。农场种植 600 亩桉树，2014 年砍伐林木获得 200 多万元的收入。未来该公司农场希望对枇杷进行深加工，制成果汁饮料。此外，还计划继续利用当地资源，建设民宿和餐饮服务，发展休闲观光农业。

三是技术型工商资本，即原从事技术开发和应用的企业，拥有核心技术，并利用技术优势，把业务扩展至农业，生产高技术附加值农产品。例如，本研究调研的深圳盛丰有机农业发展有限公司。该公司专业从事有机农业技术开发，拥有一批国内最早从事有机农业生产技术研究、有机产品认证的专家团队。为了获得有机农产品的稳定来源和延长产业链，该投资人成立始兴县盛丰生态农业科技公司，建立生产基地，直接从事有机蔬菜的生产。现该公司已形成技术开发、生产和销售三位一体，并同珠三角各大商超保持着良好的商业伙伴关系，如吉之岛、山姆会员店、沃尔玛、家乐福、天虹、华润万家等，成为它们有机产品的最大供应商。

4.4.3　工商资本投资农业的产品选择

选择生产的产品种类也是工商资本投资农业的重要战略选择之一，决定了企业的竞争力和发展前景。工商资本尤其重视产品的差别化，因为不同的产品存在巨大的价格差，如有机米和一般的大米，销售价格相差几倍。因此，工商资本致力于通过提高产品质量来增加农业的比较收益。另外，获得农产品认证和形成产品品牌，是提高优质农产品显示度的重要途径。本研究调研的 120 家企业中，有 53 家企业的产品获得地理标志产品、无公害产品、绿色产品和有机产品等各类产品认证。另外没有获得认证的产品，大多是花卉、苗木、林下作物等难以获得认证的产品。

以广东省韶关市始兴县盛丰生态农业科技公司为例，该公司结合自身战略发展，按照农产品质量标准，将生产基地分为三大区域：一是核心区域 500 亩；二是示范带动区 300 亩；三是辐射区域 400 亩。核心区域生产有机蔬菜，由公司自行种植管理；示范带动区和辐射区蔬菜的标准较低，采用“公司+农场+农户”模式管理。为达到有机蔬菜的标准要求，基地核心区域按国家农业农村部蔬菜标准园和有机农业的高起点、高定位、高标准、高规格建设。该公司利用区别化生产，生产有机、无公害、绿色等不同认证等级的产品，以获得产品价值的最大化。

4.5 工商资本投资农业的成效

工商资本投资农业，引起农业生产要素的重新配置，进而引起农业生产组织形式的变革，为现代农业发展带来深远的影响。工商资本将资金、管理、技术、知识等现代生产要素，以资本为载体进入农业农村，与土地结合，有助于将传统的低效农业改造为现代农业。以下本研究基于调研情况并结合相关文献，归纳工商资本投资农业的成效。

4.5.1 推动农业转型升级

工商资本将先进的生产技术和管理经验引入农业，提高土地的产出效率，提高农业生产效率和经济效率，创新营销方式和拓宽销售渠道，降低农业市场风险，着眼于生产高附加值农产品，重视质量可控和可追溯，消费者需求导向，重视品牌、供应链管理等现代农业特征，有利于传统农业向现代农业发展。

组织有序的企业通过订单农业，不仅可以为小农提供可靠的市场联结，还可以使小生产者通过商业的方式进行生产。在“企业+农户”合作模式下，企业提供了种源或种苗、资金、技术和产品销售服务，有效地解决了农户生产的资金、技术、信息等问题，降低了农户直接进入市场的风险，减少双方市场交易的成本，改变了农户自给自足的生产方式，引导农民向出口导向的、附加值高的农业生产转变。

4.5.2 可以带动农民提高收入

长期以来，政府寄希望于利用龙头企业或者合作社将分散的小农联合起来，提供生产资料、技术或者营销渠道，带动小农户生产，帮助他们提高收入。工商资本通过“公司+农户”或者“公司+合作社+农户”的组织形式投资农业，可以有效发挥自身在农产品销售和加工等方面的优势，形成农业自有品牌，发挥规模经济效应，带动农户生产，有利于提高农民收入。

工商资本以“公司+农场”组织形式投资农业，可以通过多元渠道促进农民增收。一方面，可以使转出土地的农民获得土地流转租金，另一方面，可以使大量青壮年劳动力放心地外出经商、务工，留守在家的老年人或妇女可以到当地工商企业务工。农户通过合作，拓宽了增收渠道，可以获得以下三种收入：一是出租土地的租金收入；二是农业项目的雇工收入；三是外出非农务工收入。工商资本投资农业拓宽了农民的收入来源，使年轻人外出务工，老年人就近就业，家庭农业分工更趋合理。

4.5.3　发挥农业多功能性，促进“六次产业”发展

笔者从调研中发现，工商资本农场的管理层级和经营模式有别于传统小农和农业企业的生产模式，投资者把工商业的资本、经营观念、技术、人才融入农业发展过程，不仅仅投资农业生产，更着眼于食品加工，形成了纵向一体化模式，甚至涉足休闲农业，不断挖掘农业的多功能性，促进一二三产业融合。具体而言，上文提及工商资本的三种类型，农业产业链延伸型、产业融合型和技术型，均有内在的产业融合特征，利于发挥产业融合的优势。

4.6　工商资本投资农业的制约因素

理论上讲，当充分发挥工商资本的优势，投资农业是可以获得相应的成效的。但是，工商资本投资农业也存在制约因素，归纳如下。

4.6.1　自然风险和市场风险较高

农业生产受资源和市场双重约束，存在较高的自然风险和市场风险。农业生产是自然再生产的过程，受气候、光照等自然条件影响，容易受到自然灾害带来的自然风险影响。另外，农业生产和建设周期较长，市场价格波动幅度大，具有较高的市场风险。尤其经过 40 多年的改革开放，农业在适应市场经济过程中困难重重。

以云南的中草药种植为例。中草药具有种植周期长、前期投资大、收益缓慢等特点，令广大农户“望而却步”。工商资本的注入为此开辟了一条新的道路，充足的资金和技术人员配备以及管理系统的优化升级为中草药批量种植带来了商机。以滇重楼为例，其基本种植周期长达 5～7 年，虽然后期收成的利润可观，但前期普通种苗每亩投入就高达几万元，高质量的种苗每亩投入甚至需要十几万元。因此，种植中草药受资金制约且面临较大的自然和市场风险。

4.6.2 受土地资源制约

近年来，随着土地增值和国家土地政策的缩紧，用地难成为制约工商资本发展农业的主要因素。用地紧缺主要表现在以下方面：一是土地资源稀缺。随着土地增值加快，土地资源的稀缺性越来越突出。在广东山区，部分投资人通过获得当地政府支持、与村委会不断协商或者直接与村民沟通才能获得土地建设农业生产基地。例如，笔者在广东省梅州市和韶关市调研发现，大部分投资者来自农业项目所在地，他们利用自己或宗族在当地的影响力才能租赁到土地。在广东省珠三角发达地区租赁土地更困难。笔者在广州市从化区调研一家种植花卉的企业，他们能租赁到的地块小而且分散，仅能租赁到 6 块土地用于建设花场，且分散在周边 30 公里内，带来较高的花卉种植和管理成本。二是土地流转价格大幅上涨。如在广东省韶关市曲江区，每亩农地的流转价格为 650 斤* 稻谷价格，约 860 元/亩。广州市从化城郊的农地价格高达 2 500～3 000 元/亩，较偏远地区也高达 1 200～1 500 元/亩①，同时，合同还约定土地流转价格在规定年限内有一定的涨幅。土地使用成本成为工商资本投资农业的巨大负担。三是农业设施用地不能满足生产需求。农业设施用地在蔬菜、水果和花卉产业的作用尤其重要。为了保鲜的需要，采摘的蔬菜和水果需要就近就地进入冷库，但是缺乏农业设施用地就无法保障冷库的建设。四是土地流转年限制约工商资本的投资。大部分工商资本与村委会或农民签订土地流转合同，约定土地的流转年限。除梅州市的部分山地流转年限达 50 年外，大部分耕地流转年限低于 20 年。尤其在发达地区，部分村委会实行 5 年 1 次土地流转招租，价高者得。农业建设周期长，而且在土地上的各种物资投入大部分会成为沉没成本，投资者需要有稳定且长期的建设周期和预期，才能对土地进行大量的投资。土地流转年限越短，越容易出现“要挟”问题②，导致企业投资土地的强度变小，破坏性利用土地的风险更高。

4.6.3 农业劳动力难以满足需求

农业劳动力难以满足需求表现在以下三个方面：一是农业劳动力不足的问

* 斤为非法定计量单位，1 斤＝500 克。

① 本研究 2015 年调研时获得的价格信息。

② 所谓“要挟”问题，是指当人们一旦做出专用资本关系投资后，就会担心事后重新谈判被迫接受不利于自己的合作条款，或担心由于他人的合约行为而使其投资贬值。在本书中，具体指企业在土地上进行了专用投资后，担心土地流转期限到期之际，农民会对土地的再次流转进行重新谈判并提出不合理的合作条款。

题。随着农村青壮年劳动力的大量转移，包括地域间劳动力的流转和农业向非农劳动力转移，部分工商资本下乡从事种养业面临着当地农业劳动力不足的“用工难”问题，尤其是在劳动密集型产业，或者临时性季节性用工，农业劳动力紧缺制约着企业正常的生产经营活动。二是高素质劳动力不足的问题。农村地区难以留住高素质劳动力，人才和科技服务跟进乏力，使部分依靠技术支撑的现代农业难以展开。三是劳动力成本问题。日益上涨的劳动力成本增加了工商资本的生产成本，压缩了其投资农业的利润空间。

4.6.4　农村金融和农业政策保险发展滞后

农业生产投资回报周期长是农业产业的特性之一。工商资本必须有足够的耐心和承受力来等待未来的资金回报，因此，与其他产业比较而言，投资农业往往有更大的资金需求。然而，农业融资面临贷款难、贷款贵的问题。首先，农业生产属于生物生长过程，具有不可控性；农产品还具有鲜活性和季节性特点，容易导致市场价格波动大，因此，具有很高的自然风险和市场风险，导致商业银行对农业项目贷款积极性不高。尽管中央一再重申涉农银行部门要支持“三农”，但是银行发放贷款是市场行为，由于考虑到贷款安全和对高风险的规避，大多银行不愿意发展农业贷款。笔者赴广州市从化调研时，当地农业部门反映，四大国有银行对农业贷款没有积极性，只有农商行、邮政银行和村镇银行愿意发展农业贷款。其次，工商资本投资农业过程中对土地及地上附着物的各种投资，不能成为从金融机构获取贷款的抵押物，难以获得贷款，导致工商资本贷款额度过低。尽管政府部门推出贴息贷款政策，但是门槛还是比较高而且手续比较烦琐，一般的企业难以获得支持。

目前工商资本的资金来源主要有以下几种途径：一是资金实力较强企业，依靠农业外的资金不断补充到农业项目中来；二是增加投资人，利用增加合伙人来加大农业项目的资金投入；三是依靠企业自身的盈利作为投资资金再投入农业项目，这种滚动投资周期长、速度慢，可能导致企业错过最佳的发展机遇。

另外，我国农业保险政策亟待完善。农业的自然风险和市场风险高、经营主体的抗风险能力弱，一场自然灾害或者一次价格波动就可能导致一个农业项目遭受灭顶之灾，投资农业项目急需农业保险等政策来降低风险。然而，恰恰由于农业项目的高风险，社会保险机构和商业性保险公司较少开展农业商业保险。作为补充的农业政策性保险存在投入不足的问题。目前政策性农业保险品种少、覆盖面窄，花卉、水果等大部分经济作物没有纳入保险范围，难以达到防范自然风险和市场风险的目的。

4.6.5 农业农村基础设施亟待完善

农业农村基础设施亟待完善，是我国农村的普遍现象，主要原因是建设资金投入不足。在国家财政投入中，虽然按照“增加总量、优化存量、用好增量、加强监督”的原则，不断强化农业补贴政策，但最终落实到农业基础设施建设的比例依旧不足。农业项目所在地的交通、网络、电力等基础设施状况，直接制约工商资本投资，投资不足继而又影响基础设施的完善，形成恶性循环。

在农村地区进行农业投资的一个主要前提条件是健全的交通通信系统，包括道路、电力及网络电信服务。具体体现在以下方面：一是，道路交通对于易腐烂的农产品来说尤为重要，这些产品需要在收获之后马上加工（如蔬菜、茶叶、水果），或者需要一个适宜的环境进行贮藏保存（如鲜切花）；二是，部分设施农业用电量较大，但是农村的电力容量往往不能满足需求，容易出现跳闸或停电的现象，导致正常的农业生产难以持续；三是，目前“互联网+”已经成为农业新业态，部分农产品利用农村电商进行网络销售。网络成为联结农业生产者和消费者的重要桥梁，但是如果没有网络或者网络不稳定会严重制约农产品网络销售的发展。

部分工商资本依靠自身投资来解决基础设施，但是不能满足产业发展的问题，还会导致两种可能的后果，一是增大工商资本投资的成本；二是导致工商资本容易采取“短期行为”。

4.7 工商资本投资农业存在的问题

工商资本投资农业具有两面性。一方面，工商资本可以助推现代农业的发展，然而，另一方面，工商资本投资农业也可能存在一些问题，给农业农村带来负面影响。

4.7.1 非粮化倾向明显

农业生产除了市场风险外，还受水、土壤、气候条件等因素的影响，存在较大的自然风险。投资者在选择投资项目时一般会规避高风险行业，同时，会选择农业比较收益高的项目。从调研样本的投资领域来看，大多选择当地已有一定基础的、能够发挥集聚效应的农产品种养项目，主要是收益较高的经济作物，或者农业产业链产前、产后等高附加值的生产环节。种植粮食作物往往不在工商资本的考虑范围内，即使是少数种粮者，也选择市场利润较高的有机粮食种植。因此，工商资本具有明显的非粮化倾向。

4.7.2　具有一定的盲目性

部分工商资本投资农业具有一定盲目性，没有制定完善的发展战略，也没有全面评估发展面临的风险。从本研究调研情况来看，我们发现，工商资本原从事的行业非常广泛，有从事房地产的、医药的、广告的，等等。他们大部分对农业不甚了解，甚至在决定投资农业后也没有进行详细的调研。同时，他们对自身经营农业的能力、投资农业的回报周期、农业的自然和市场风险估计不足，企业间同质化竞争严重。农业投资目前处于许多企业一拥而上、投资风险高的发展初级阶段，势必存在优胜劣汰的过程。部分工商企业投资农业具有一定的盲目性，未必能坚持从事农业，未来将有不少企业渐渐退出农业领域。

另外，政府引入工商资本的主观性也导致工商资本盲目投资。各级政府将引入工商资本作为地方“招商引资”的重要内容，非常欢迎、甚至积极促进工商资本到本地投资农业，却容易忽略工商资本投资农业的经营氛围、经营模式，以及是否符合本地农业发展方向，能否带动农业发展、促进农民增收等问题。

4.7.3　大规模流转土地存在潜在风险

上文统计了本研究调研的工商资本流转土地的规模（表4-1），平均流转土地面积高达1 778.73亩。而我国户均耕地面积不足8亩，按照工商资本的平均流转面积，那么工商资本投资农业的流转土地面积大、可能涉及的农户众多。工商资本大规模流转土地存在潜在的风险，可能造成土地的过度开发、甚至破坏性开发。从本研究的调研样本来看，部分工商资本流转了大片农地或山地，签订长期合同部分期限长达50年，存在以下几个潜在风险：一是部分工商资本以机会主义心态，打着农业开发或者龙头企业的旗号，其目的却是圈地囤地，甚至资本运作；二是当工商资本发现农业利润并没有预期高的时候，可能会转而利用农地进行“非农化”生产；三是在工商资本投资农业失败并逃离农业的情况下，他们原来对农地的投资有不可逆性，尤其是大量破坏土地肥力的行为，为农民重新耕种农地、种植山林带来更大的成本。

工商资本大规模流转土地造成对土地破坏的潜在风险，原因有以下方面：一方面是由于农地租赁准入制度不严格，企业和农民缺乏共同利益，难以保证企业保护土地；另一方面是农民没有形成资源保护意识，对下乡企业的日常经营缺乏监督和监管；再加上工商资本作为外来经营主体，盈利是其主要目的，没有可持续发展意识，在缺乏监督情况下容易产生机会主义行为，利用土地过程中缺乏有效的资源生态保护。

4.7.4 带动农民增收作用不明显

国家希望利用工商资本在资本、技术和管理上的优势，引入现代农业，最终目的在于带动农民提高收入，最终实现共同致富。然而，从调研情况来看，工商资本在一定程度上增加了农民的收入，但是带动农民增收的作用不明显。部分政府主导的工商资本下乡过程中，基层政府忽视农民意愿，利用行政力量组织大规模土地流转，直接剥夺了农民对农地的自主决定权，引起农民的极大不满，同时，农民难以参与企业的发展过程，导致企业与农民之间缺乏共同利益，也就无法实现共同致富的目标。

工商资本带动农民就业和增收的最优方式，是农民能够真正利用自身的资源禀赋，利用工商资本进入农业的机会，延长农产品的产业链，扩大对后向销售和加工等环节利润的分享比例，促进二、三产业融合。如果工商资本借服务农业之名，进一步弱化部分农户的市场竞争地位，或者减少他们获得农业利润的比例，那就会损害农民的利益。

另外，工商资本对大农户和小农户的带动作用不均衡，加剧了农村社区的不平等发展。企业在选择合作农户时，基于便于管理、监督和降低交易成本的考虑，一般选择种植规模较大的农户，而不选择小规模经营农户。如此，企业从主观上把小规模经营农户排除在外，收缩了他们的发展空间、恶化了他们的生存条件，导致大农户和小农户的收益和福利分配不均加剧，农村社区农户之间发展不平等、加大了农民贫富差距。

4.7.5 对乡村治理带来冲击

工商资本投资农业对乡村的社会秩序和社会治理带来冲击，既有积极作用，又带来消极影响。以下将从两方面进行分析。

首先，工商资本下乡对乡村治理带来积极影响，主要体现在以下两方面。

一是，农村能人为村庄治理有序化奠定基础。在城镇化进程较快和农业收入较低的村落，越来越多的村民选择长期外出务工、兼业经营或者从事其他非农产业。在此过程中，一大批农村能人成长起来，他们开始自发承担起部分村庄事务，并积极投入村委会换届选举，成为村“两委”干部，利用外出学习的技术和工作经验，构建农产品营销网络、增加农产品附加值等，促进当地农村发展，在发展过程中不断完善农村治理。例如，广东省梅州市就存在“致富耕山”人群，即外出致富村民返回家乡带动乡亲发展、治理农村，为当地农村农业发展作出贡献。

二是，新型农民集体经济组织崛起，成为农村治理的重要主体，不断加强村民自治。伴随着工商资本投资农业和政府引导，无论是公司牵头成立还是村民自发组织的各种新型农民集体经济组织快速成长。这些集体经济组织成为工商资本和农户不可或缺的联接点，在发展农村经济的同时，不可避免涉及村庄公共事务。农村集体经济组织发挥的作用以及带来的影响力日渐增强，功能也逐渐从经济向农村自治扩展，已经成为村民自治中不可忽视的重要主体。

然而，工商资本投资农业是一把双刃剑，在推动农村自治的同时，有可能对乡村治理带来负面影响，导致如下的后果。

第一，在工商资本投资农业过程中，“能人治村”可能转变为“强人治村”。工商资本投资农业，不仅在经济上还在农村治理上打破原有格局，不同程度影响到村庄的政治格局。工商资本有可能凭借强大的经济实力和组织能力，其权力或代理人逐渐进入村“两委”、甚至控制村“两委”，导致村庄经济和政治的边界模糊不清，为工商资本独占和控制农村资源带来便利。在工商资本独大，或“强人治村”的情况下，村“两委”丧失了村治的主导地位，逐渐异化为乡镇政府和工商资本的附庸，广大村民失去了在村庄治理中的自治权和监督权，容易造成村干部同村民之间的隔阂和矛盾。工商资本、其代理人或“强人治村”，与农村自治背道而驰，激发干群矛盾，成为农村社会不稳定的重要因素。

第二，基层政府权力向村级“两委”渗透，影响并控制村“两委”自主选举和村民自治。政府主导的工商资本投资农业，使基层政府在构建农村投资平台、促进合作的同时，对村庄经济和公共事务的控制范围进一步扩大。其中，乡镇政府是政府层级体系中，主导工商资本投资农业的最终执行主体。另外，资本投资农业也造成了乡镇政府的权力下沉。部分乡镇政府借助工商资本土地流转和投资农业这一契机，加强对村“两委”的控制，逐渐混淆农村经济事务和农村治理事务，不合理地将与工商资本投资农业的相关事务纳入行政事务范围，指导变成了领导，以行政命令方式强行推动工商资本进村或土地流转，以行政命令安排村“两委”工作。甚至通过党内控制、选举控制、财务控制、利益诱导和建立相应惩罚机制等，乡镇基层政府权力逐渐向村级渗透。

第5章　工商资本投资农业的契约模式及比较

5.1　商品契约的内涵与特征

商品契约，即企业通过市场交易和订单农业两种方式，来获得农产品，继而进行销售或者加工。企业在现货市场上购买某种质量和数量的农产品，需要支付若干的搜寻成本、信息成本和交易成本，但如此高的成本也并不能保证原料的安全。为减少信息成本和增加农产品交易的稳定性，部分企业与农户采取订单形式，进行远期交易，我们称之为订单农业。简言之，商品契约主要指农业产业化经营的各参与主体之间，以农产品销售为主要内容的合作关系（刘洁，2011）。其具体形式多样，最典型是“公司＋农户”组织形式，同时衍生出多种“公司＋中介组织＋农户”组织形式，尤以“公司＋合作社＋农户”为代表。

5.1.1　“公司＋农户”组织形式的内涵与特征

5.1.1.1　“公司＋农户”组织形式的内涵

“公司＋农户”是我国农业产业化进程中的重要组织形式。结合本研究主题，本书将“公司＋农户”组织形式定义为，以工商资本投资的企业或组织为主体，围绕一项或多项产品，与农户签订生产或销售合同（协议），形成生产、加工和销售一体的经营组织形式（图5-1）。按照双方合作的紧密程度，“公司＋农户”又可以细分为两类。一是公司和农户签订农产品收购协议，企业作为收购者购买农产品，而农户出售自己生产的农产品。公司与农户仅为农产品交易合同关系，农户没有在农资采购、优质种苗提供、疾病防治、种养技术、资金支持、经营管理等方面从企业方获得帮助。二是订单农业，即企业不仅收购农产品，而且通过与农户签订生产合作协议，先行投资提供种苗、饲料、肥料和技术支持等，将动植物种养任务交给农户，待农产品收获后由企业统一收购，再进行产品分级，或加工销售。在签订合同时，通常规定，当市场价格低迷时，企业按“保底价”收购农产品，保证农户的收益；当市场价格高涨时，企业按市场价或以一定的浮动幅度收购农产品，使农户获得高额回报。

综上所述，“公司＋农户”组织形式是通过规范的生产或购销合同（协议），公司和农户形成一定的利益共享和风险分担机制，双方都获得较为稳定的收益，同时，企业在双方关系中处于优势和支配地位。

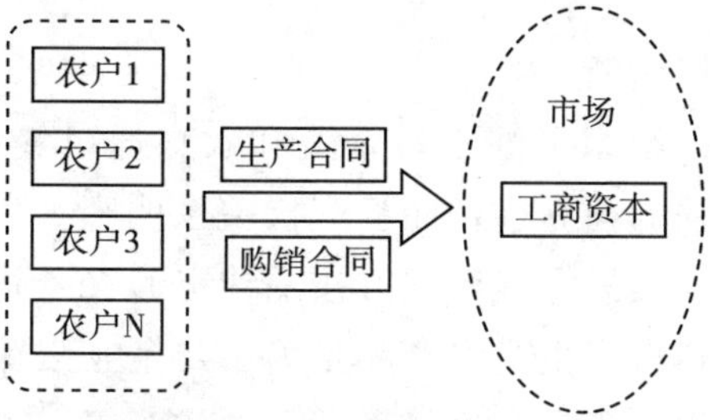

图5-1 “公司＋农户”组织形式

5.1.1.2 “公司＋农户”组织形式的特征

结合已有文献和本研究调研情况，本研究将“公司＋农户”组织形式的特征总结如下：

（1）具有不完全性和短期性特征

由于客观条件的限制，公司与农户无法对未来发生的不确定事项全部通过契约来确定，因此，双方签订的契约具有不完全性特征。从主观上来说，大部分条款由企业制定，合同条款难以实现契约双方的公平性。同时，农户与企业之间存在信息不对称，农户由于自身知识局限，难以预测未来市场走势和企业行为，也就不能通过契约来规定和处理可能出现的不确定性问题的具体事项。更糟糕的是，此类契约具有短期性特征，合同的期限往往是1～2年，增加了契约的实施成本。由于违约收益往往高于违约成本，农民容易发生违约行为。因此，企业与农民的契约关系不稳定，存在随时解除契约的风险。有学者做过测算，公司与农户的违约率高达80％（郭红东，2005）。

（2）博弈双方地位悬殊

在公司与农户的契约关系中，企业具有绝对的占优优势，处于主导地位。第一，企业在信息、资金和技术上比农民有优势。企业具有有效销售渠道和充分的市场信息，可以引导农民种植相应的农业品种；具有充足的资金可以提供农资；具有较高的技术水平，可以给农民以技术支持和技术培训。第二，农民对企业有依赖性。农民依靠企业支持，降低市场风险，提高农业收入。进一步来说，专用性资产投资和专用性产品的生产，增加了农民对企业的依赖程度。第三，双方劳资关系属于典型的资本支配劳动。尽管双方都是利益主体，但是企业在经营决策上拥有绝对的决策权。在利润分配方面，农民只能获得固定比例的利润，企业拥有剩余索取权和剩余控制权。第四，农户分散、无组织化。由于缺乏中介组织使得分散的农民独立面对企业，大大降低了农民的谈判能力。因此，农民和企业契约双方关系不平等，地位悬殊，形成了企业主导、农民从属的格局。

(3) 合作双方产权明晰

在“公司＋农户”组织形式下，企业和农户通过签订口头或书面合同方式，双方不仅具有较强的独立性，而且产权关系明晰。“公司＋农户”组织形式实质上是农产品远期交易方式，双方按照约定的农产品质量和价格在未来的某个时间点交割。虽然农户生产农产品是为了与企业交易，但是他们独立地拥有土地等生产资料、生产工具和生产者劳动力的产权，企业不能直接介入和支配这些资源。在这种形式下，企业与农户之间的产权邻域很清楚，产权公域很小。因而产权明晰使得该组织形式下的公共租金耗费很低。工商资本进入农业采用“公司＋农户”组织形式，使得农户拥有独立土地产权和生产自主权，因此无须担心工商资本对农户采用土地非农化、甚至土地侵占的行为。

所有权和经营权的分离降低了企业内部管理费用，是“公司＋农户”组织形式的另外一个优势。目前，我国农业生产的微观组织形式主要以小规模的农户家庭经营为主，而农业龙头企业在市场信息和流通渠道上具有比较优势，可以向农户提供农副产品市场需求信息，引导农民调整农业产业结构，收购农户生产的农副产品，从而搭建农户“小生产”和“大市场”的桥梁，是我国农业产业化发展初期大力推广的发展模式（贾晋等，2009）。工商资本以“公司＋农户”组织形式进入农业，充当了农业龙头企业的角色，推进农业产业化进程。

(4) 双方承担不同的风险

大部分农户是风险规避者（Roumasset，1976；王宏州、黄季焜，2016），尤其是低收入农户渴望获得保障。“公司＋农户”组织形式受到农民的欢迎。对于农民来说，签订农产品销售订单，种植品种和数量就被确定了，保障了农产品销售，大大降低了农民面临的市场风险。

对于公司而言，公司面临着比农户更高的风险，包括履约风险和产品质量安全风险。一是履约风险。由于缺乏资产抵押而导致的法律约束效力不足，农户存在明显的缔约后机会主义行为倾向。具体表现为，当市场价格高于约定的收购价格时，农户可能违反契约，将农产品销售给市场（贾晋等，2009）。在这种情况下，如果企业规模较大，则所需的农产品很难在短时间内通过市场交易得到满足，工商资本的正常生产将无法进行，再加上农业生产周期较长，意味着工商资本当年甚至更长的时间无法按计划生产，无法获得当期利润、甚至发生较大的亏损。二是农产品质量安全风险。随着市场对农产品质量安全的日益重视，加上工商资本多以高端农产品为目标市场，工商资本对农产品的收购要求不仅限于外形、颜色等外在因素，同时对于农药含量、营养价值、口味、标准化程度等内在的品质要求越来越严格。由于无法完全监督农户的生产过程，因此企业必须在产品收购和检验检测环节投入大量的人力、物力和财力，而且这一费用随着企业规模的扩大而增加。部分工商资本由于商品契约农产品质量安全风险太大，转向要素契约形式。

（5）工商资本存在较大的交易费用

在工商资本和农户就契约的谈判和签订环节，工商资本需支付较高的交易费用。面对小规模分散经营的农户，工商资本需要投入大量的信息收集和谈判费用，而且，随着企业原料需求规模的扩大，契约的谈判和签订成本将不断增加。

5.1.2　衍生形式“公司＋合作社＋农户”组织形式的内涵与特征

为提高农民的组织化程度、降低交易成本，“公司＋农户”组织形式不断丰富，嵌入各种中介组织（以农民专业合作社为代表，还包括协会、供销社等），衍生出“公司＋中介组织＋农户”组织形式。其中以“公司＋合作社＋农户”最具代表性，因此本研究着重对此组织形式进行讨论和分析。

5.1.2.1　“公司＋合作社＋农户”组织形式的内涵

2006 年我国《中华人民共和国农民专业合作社法》将农民专业合作社定义为：“在农村家庭承包经营的基础上，由同类农产品的生产经营者或同类农业生产经营服务的提供者和利用者，自愿联合、民主管理的互助性经济组织。农民专业合作社以其成员为主要服务对象，提供农业生产资料的购买，农产品的销售、加工、运输、贮藏以及农业生产经营有关的技术、信息等服务。”“公司＋合作社＋农户”组织形式是指农民专业合作社作为中介组织，嵌入“公司＋农户”模式，利用双重委托代理关系联结公司与农户（图 5－2）。

合作社作为中介组织进一步提高了公司和农户交易的稳定性，提高了双方合作效率。首先，合作社代替农户与企业签订合约，大大减少了签约数量，降低了企业寻找合适农户的搜寻费用、与农户沟通和谈判的交易成本；其次，合作社作为农户组织，依靠合作社成员之间的了解和信任以及合作社核心成员的带头示范作用，大大降低了农户的违约率；最后，与单个农户相比较，合作社

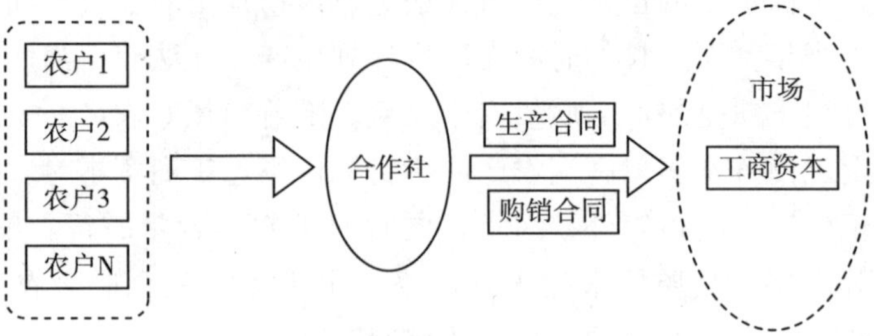

图 5-2 “公司+合作社+农户”组织形式

的规模和实力大增，提高了农户的组织化程度，增加了其话语权，这在一定程度上纠正了农户与企业之间地位严重失衡的问题。因此，这种组织形式有利于稳定公司和农户的契约关系、提高农户组织化程度，以及降低公司交易费用。

5.1.2.2 “公司+合作社+农户”组织形式的特征

结合已有文献和本研究调研情况，本研究将“公司+合作社+农户”组织形式的特征总结如下：

（1）双重的委托—代理关系

农民专业合作社同时成为企业和农户共同的代理人，“公司+合作社+农户”形成双重的委托—代理关系。一方面，企业主要委托专业合作社来与农户沟通、交流和交易甚至谈判，使农户按照企业要求进行生产和交易。中介组织的嵌入，使企业无须面对分散农户，降低了交易成本，提高了合作效率。另一方面，农民也委托农民专业合作社与企业进行协调，来尽可能多地争取和维护自身利益。因此，企业与农户的市场关系，演变成了企业与合作社、合作社与农户的代理关系，企业牵头成立的合作社偏向维护企业利益，而农民自发组织成立的合作社则致力于维护农民利益。

（2）部分产权具有模糊性

部分合作社可能在发展过程中进行了公共积累或者得到政府项目扶持，拥有公共资金或资产，但是，这部分资金资产不能或无法明晰到每个社员，同时，合作社不是独立法人，没有稳定、明确的独立方案。这些因素都使得合作社产权关系不清晰，合作社核心成员可能侵占部分产权公域。

（3）公司和农户的地位较均衡

公司和农户双方的地位，需视合作社的性质而定。当合作社是由农民自发组织成立，那么，由于农民专业合作社的介入，提高了农民的组织化程度，使得企业对农户的控制变得相对薄弱。然而，如果合作社是依靠企业力量建立起来的，那么合作社组织内部常常处于企业的控制之下，在提高农民地位方面并没有太大的帮助。

（4）降低工商资本和农户之间的交易成本

引入中介组织后，工商资本只需要与中介组织签订产品供求合同，然后再由中介组织将生产任务具体分解到农户。对于工商资本而言，大大降低了与分散的小规模农户沟通和签订合同带来的成本。

（5）提高了契约的稳定性

首先，合作社的介入，有效制约了农户的机会主义行为，提高了工商资本和农户之间的契约稳定性。若合作社与农户形成多期契约关系，本轮契约的合作与否直接影响着下一次能否合作。当农产品的市场价格较高时，农户不仅考虑违约带来销售收益，还要考虑违约带来的成本。正是这种长期合约关系，有效地制约了农户的机会主义行为。其次，合作社内在的“熟人社会”带来的声誉机制也制约着农户。中国农村是典型的“熟人社会”（费孝通，2006），合作社和农户都产生于本乡本土，相互之间都非常了解。当一方做出违背道德的行为时，会受到舆论的谴责。最后，合作社往往由农村能人牵头成立，并任合作社社长。乡村宗族治理的传统使得农户对社区内的“权威”和“能人”具有一定的服从性（贾晋等，2009）。因此，合作社能够对农户的机会主义行为起监督和约束作用，从而弥补了“公司＋农户”形式的组织缺陷（周立群、曹利群，2001）。

5.2　要素契约的内涵与特征

要素契约，即企业通过租赁土地直接生产所需的农产品，对生产过程实行全程控制，实现完全一体化。这种方式既有助于农产品尤其是有机、绿色食品质量的管控，还有助于企业管理的开展，如技术采用、生产操作规程和生产计划等，既发挥工商资本在农业生产和管理方面的优势，又增加了企业的竞争力。但是，企业的生产成本和组织成本相对较高。

要素契约是指单独的农业经营主体或多个经营主体以各自拥有的某种生产要素入股，组成经济实体（要素的联合），并以此实体的运营来发展农业。部分工商资本通过流转土地建设农业生产基地，将农业生产纳入企业的经营活动之中，成为企业产业链条上的一个初级环节，在这过程中，部分农民转变为产业工人。与商品契约相比较，要素契约具有直接性、长期性和稳定性的特点。其主要形式为“公司＋农场”及其衍生形式。

5.2.1 “公司+农场”组织形式的内涵与特征

5.2.1.1 “公司+农场”组织形式的内涵

“公司+农场”是企业将生产、加工和销售一体化，雇用农民在企业租赁的农场或生产基地劳动，为农民工人支付工资（聂辉华，2013）。这种形式属于要素契约，是完全一体化组织，用企业内部的科层管理结构替代了产品交易市场，交易成本也大部分转化为内部管理成本（图 5-3）。这种模式可以对生产过程实行全程控制，有助于企业管理的开展，如技术采用、生产操作规程和生产计划等，有助于农产品尤其是有机、绿色食品质量的管控，既发挥了工商资本在农业生产管理方面的优势，又增加了企业的竞争力。但是，企业的生产成本和组织成本相对较高。

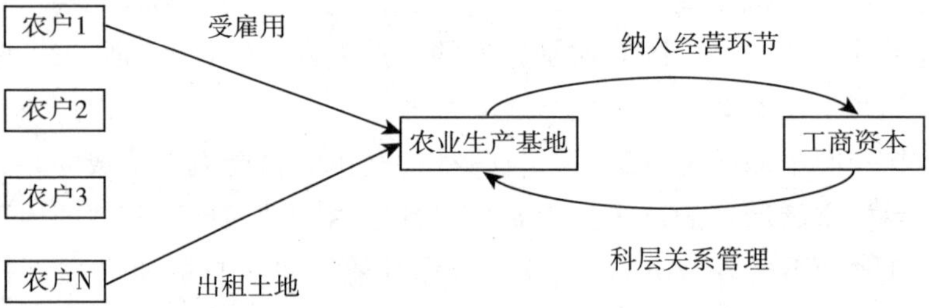

图 5-3 “公司+农场”组织形式

工商资本采取“公司+农场”组织形式进入农业，实际上是生产组织对市场的替代，生产、技术服务等很多环节被一体化到组织内部，农民变为产业工人，农业资源和生产要素慢慢向组织内部集中（孙天琦、魏建，2000）。工商资本以“公司+农场”组织形式投资农业可能会带来如下的变化：一是工商资本进行大规模生产加工，可以使用先进的农业机械设备，进行专业化生产，实现生产的社会化、组织化、规模化和产业化。二是工商资本具有创新优势。工商资本一方面可以发挥农业以外行业的优势，利用资本和技术的优势进行研究与开发，研究室、专业化研究人员可以实现研究与开发的规模经济，带来技术进步。另一方面，工商资本具备了快速把研究与开发成果转化为产业竞争优势的能力，使创新收益内部化。三是农产品质量得到提高。为获取更高的利润，工商资本着眼于通过提高农产品质量，来进入更高一级的市场。工商资本通过提高技术和管理经验来提高农产品标准化程度，进一步开展农产品精加工和深加工业务。四是工商资本进入农业，发挥内在的产业融合优势，挖掘农业产业与其他产业内在联系和关联互动作用，把工业、服务业的先进因素融入农业，使产业链条上的各环节都属于同一主体，最大限度地延长了产业链，促进了产业融合。

5.2.1.2 “公司＋农场”组织形式的特征

工商资本以“公司＋农场”组织形式进入农业，具有以下特征：

（1）所有权明晰，但农地使用监管困难

工商资本以“公司＋农场”组织形式进入农业初始，公司和农户的产权关系是明晰的。农户拥有土地承包权，将经营权流转给企业，获得土地流转租金。公司在长期流转的土地上，建成农业生产基地并独立经营。但是随着时间的推移，农户无法及时获得有效信息对企业的经营行为进行监督，土地在企业使用过程中存在风险。面临的风险包括以下几个方面：一是企业过度开发，导致土地肥力下降；二是改变土地用途，破坏土地肥力，导致复耕困难；三是改变土地性质，进行非农化经营。因此，国家对工商资本采取“公司＋农场”组织形式最大的隐忧是，工商资本可能造成土地非农化的危害。

（2）经营风险完全由企业承担

在“公司＋农场”组织形式下，工商资本在拥有全部剩余索取权的同时，承担全部风险；而农民受雇于工商资本，获取工资收入，完全不承担农场经营风险。值得一提的是，与风险相对应，双方获得的利益也是不均衡的，工商资本拥有大部分的剩余索取权。

（3）管理成本高

“公司＋农场”组织形式实际上是企业组织形式对价格机制的替代，它利用科层组织形式的行政安排和企业内部计划来配置资源，利用内部组织代替市场制度。企业克服了利用市场配置资源时较高的交易成本，但是由于农业生产活动过程的复杂性，农业生产中劳动投入的边际贡献无法得到准确界定，有效识别农业劳动带来较高的监督费用，而且企业组织形式又带来较高的组织成本、代理成本，还有企业规模扩大中非效率导致的管理成本增加（孙天琦等，2000）。

5.2.2　生产基地形式下的“外包”

如上文所述，工商资本采取“公司＋农场”组织形式的管理成本很高。不同于工业生产，农业生产特征导致农户的努力程度难以监测或者监督成本很高，使农户容易存在道德风险和逆向选择行为。管理成本高还包括以下原因：一是由于土地分散分布的地理属性，决定了监督农户劳动的信息也是分散的；二是通过外在力量对农户努力程度进行监督的成本比较高昂；三是农业生产环节众多，很难计算出每一个环节的边际贡献，也很难确定农民雇工的工资水平（郭红东，2005）。企业在进行决策时，除了考虑这种组织形式容易造成农民效率低下或监督成本巨大，还要考虑交易费用的高低、资产专用性水平的高低和与之相关的机会主义的威胁，以及企业能力因素。基于此，“外包”逐渐纳入“公司＋农场”组织形式中，即企业将部分生产或者生产环节，交由企业外部组织或个人管理，企业只承担相应的费用。与市场相比，当企业内部生产不具有竞争优势时，农业生产就会被置于边界以外，外包是实现这一结果的非常重要的方式（于克信等，2009），于是形成“公司＋农场＋外包”组织形式。

农业生产环节“外包”是本研究调研中发现的重要现象，而且“外包”在蔬菜产业中尤其突出。蔬菜产业属于劳动密集型产业，机械化程度较低，需要大量的劳动力进行精细化作业，为了减少“磨洋工”行为和降低成本，企业采取了“分块外包”的管理模式。

以本研究调研的样本企业——广东省始兴县盛丰生态农业科技有限公司为例。该公司主要从事有机蔬菜生产，投资兴建了“始兴县澄江镇有机农业标准示范园”，按照农业农村部蔬菜标准园和有机农业的高起点、高定位、高标准、高规格建设的现代农业标准示范园区。园区有500亩的核心区域专门种植有机蔬菜，由该公司实行生产计划管理、分块种植和生产服务管理，同时将其中的“分块种植”环节“外包”给承包农户。以下分别介绍该公司的三种生产管理方式：①生产计划管理。具体内容包括：首先，根据珠三角各大商业超市的需求量，按照一定的浮动比例，结合季节生产规律，计算出各蔬菜的产量计划；接着，把计划分块下达至各生产单元。这种方式可以精确种植，减少损耗和浪费资源。②分块种植。为了提高效率、降低监督和管理成本，农场生产基地借鉴工业企业的管理理念，采取划分小单元地块，由农户分块承包经营模式，成效与利润挂钩。一般由一对夫妻承包8亩地块，按照有机蔬菜的种植规范进行生产，以一定的蔬菜产量作为基数，超出部分实行累进制奖励。农民一般每月能获得3 000～4 000元的收入。为了杜绝农民为了提高产量而私下添加农药的行为，公司作出了严格的惩罚机制并进行农药残留抽检，若发现农药残留则立即解雇该农民。③生产服务管理。基地雇用部分从事农业服务的后勤人员，负责基础设施的建设和维护、病虫害防治、除草等，作为配套生产环节的服务管理。该公司通过将计划、生产和服务三个环节采取不同的管理方式，并相互融合，是一种典型的“公司＋农场＋外包”的新型组织形式。

另外一则典型例子是广东省韶关市的湘南枇杷园，该果园采取分户经营的方式，即将果园生产环节外包给农户经营，而且为提高效率，采取按果园面积分包给不同的农户。具体而言，该企业长期租赁了 1 000 多亩山地，其中 1 200 亩枇杷和 200 多亩杨梅；1 亩种 25 株果苗，共种了 3 万多株果苗，其中包括 6 000 多株杨梅。现园区已经投入 1 300 万元，2010 年和 2011 年迎来了收益期，分别盈利 260 万元和 110 万元。该园区的经营模式主要为分户经营，引入 19 户农户进行生产和管理，双方签订合作合同，并 15 年签订一次。平均每户种植 1 300～1 400 株，并在果园建设初期（2010 年以前）给予每个农户 15 000 元年薪，作为果园投入期的一种资金支持。在统一管理方面，农场主的职责主要包括以下几个方面，一是进行道路和灌溉基础设施建设；二是统一采购肥料；三是实现产品有机认证，为保证产品获得有机认证，农场会指导农户按一定的操作规范进行果树种植；四是进行产品分级，统一包装销售。在包果和采摘季节，各农户按 130～140 元/日[①]聘请当地农民作为帮工。另外，农场主每年对杨梅收取 50 元/株、枇杷则收取 3 元/株的管理费。以上分户经营的模式，实际上是一种工商资本进入农业采取的"公司＋农场＋外包"组织形式。实质上是企业与农户签订固定比例的分成合同，农户交给企业固定收入后，享有剩余索取权。农户的努力程度与自己的收入呈正相关关系，消除了农户的道德风险和逆向选择行为。

5.3　商品契约与要素契约比较分析

比较商品契约和要素契约具体组织形式的异同，可以更深刻地理解其内涵，为进一步阐释工商资本契约选择提供基础。本部分从资源配置方式、调节参考点、调节力量来源、主要及具体成本、合作性和竞争性、组织分工程度和调整的灵活性、农民角度的风险和收入的稳定性，来比较不同契约模式的异同（表 5-1）。

从资源配置方式来看，商品契约和要素契约及其衍生形式，是介于企业与市场之间的不同配置资源的组织形式。"公司＋农户"的关系既非完全的市场交易关系，也非完全的企业内部交易关系。"公司＋合作社＋农户"属于双重委托—代理关系，有较低的交易成本。与要素契约相比较，以上两种商品契约形式的参与主体并不丧失独立性，具有较低的内部组织成本（孙天琦、魏建，2000）。要素契约"公司＋农场"组织形式是完全的企业内部交易，由科层组织按计划进行资源配置调节；"公司＋农场＋外包"是其衍生形式，与农民签

① 2015 年韶关招聘农业工人的日工资价格。

订外包生产合同，在资源配置方式上融合了公司内部的科层组织来调节与农民之间的合同规范，使企业在按计划调节资源的同时，又可以提高对农户的激励作用，降低科层组织的监督和管理要求。

表 5-1　商品契约与要素契约的比较

契约	商品契约		要素契约	
契约组织形式	“公司+农户”	“公司+合作社+农户”	“公司+农场”	“公司+农场+外包”
资源配置方式	合同规范	中介组织协调	科层组织调节	合同规范
调节参考点	合同	合同和协调	权威	合同
调节力量来源	农户妥协	谈判、博弈	计划	计划
主要成本	交易成本	交易成本和组织成本	内部组织成本	组织成本
交易成本比较	大	适中	小	小
组织成本比较	小	适中	大	适中
组织化程度	低	高	最高	较高
组织灵活性	大	大	小	大
组织稳定性	小	适中	强	强
合作性	差	强	最强	较强
竞争性	弱	适中	强	强
农民承担风险	小	小	最小	一般
农民收入稳定性	适中	适中	最强	适中

注：部分指标参考孙天琦和魏建（2000）。

从成本来看，商品契约交易成本较大，要素契约组织成本较高。细分来看，交易成本最高的是“公司+农户”，其次为“公司+合作社+农户”，最小的为“公司+农场”和“公司+农场+外包”；组织成本从大到小依次为：“公司+农场”“公司+农场+外包”“公司+合作社+农户”“公司+农户”。

从组织效率来看，企业内部交易比市场交易更有效率（Coase，1937）。组织化程度和稳定性最高的是“公司+农场”，但是灵活性较低；组织化程度、灵活性和稳定性三者结合最好的是“公司+农场+外包”；“公司+农户”的组织灵活性大，但组织化程度和稳定性较低；与“公司+农户”比较，“公司+合作社+农户”在以上方面都有较大的改进。在组织的合作性和竞争性方面，要素契约优于商品契约。

从农民的角度来看，农民承担的风险从低到高依次为“公司+农场”“公司＋合作社＋农户”“公司＋农户”“公司＋农场＋外包”。虽然外包生产环节的农户风险较高，但是在固定比例分成的情况下，由于自身的努力，也有可能获得较高收入。从农民的收入稳定性来看，农民在“公司＋农场”组织形式下获得固定工资收入，其余三种组织形式下的农民收入与自身农业生产情况相关。

第6章　工商资本投资农业契约选择的影响因素分析

6.1　数据来源

为获得本章实证研究的数据[①]，本研究的问卷调研分为三个阶段：第一阶段是2015年下半年赴广东省广州、梅州和韶关三市进行预调研，初步了解工商资本投资农业的现状，为设计问卷做准备工作；第二阶段是2016年上半年，赴江苏和湖北进行问卷试调研，采取问卷调研和访谈相结合的方法，对问卷进行修改和完善；第三阶段是正式调研阶段，赴湖北、云南和广东三省进行问卷调查。最后，获得有效问卷120份，其中，湖北16份；云南66份；广东38份。为保证调研问卷质量，问卷调查采取调查员面对面、一对一的调查方式，由采访对象回答，调研员记录。

6.2　调查样本的描述统计分析

本章首先描述调研样本的统计特征，包括120家企业的契约安排、交易特性、农产品特性、企业的资源禀赋总体概况，以及其面临的产品价格波动情况和交易环境（表6-1）。

（1）契约模式和契约强度的描述性统计

本研究将工商资本投资农业的契约模式按契约强度分为三类：一是商品契约，具体组织形式为“公司＋农户”。在这种形式下，工商资本和农户之间是农产品交易关系，两者之间的契约强度是最弱的；二是要素契约，具体组织形式为“公司＋农场”，这种组织形式下契约强度最强；三是介于以上两者之间，商品契约和要素契约的混合。工商资本既自建基地生产，同时又与农户合作，

① 本章核心内容以《交易费用、组织成本与工商资本进入农业的组织形式选择》为题发表于《农村经济》2017年第10期，作者为石敏、李大胜和谭砚文。

收购农产品，“公司＋农场＋合作社＋农户”是其典型组织形式，这种情况下契约强度介于纯粹的商品契约和要素契约之间。

表6-1　变量的统计特征

变量类型	变量名	变量解释	均值	标准差
被解释变量	契约强度	1＝商品契约；2＝介于商品和要素之间的契约强度；3＝要素契约	2.3	0.53
交易特性	专用性投资强度	0～5	3.03	1.30
	道路投资建设	1＝是；0＝否	0.57	0.50
	灌溉设施投资建设	1＝是；0＝否	0.73	0.44
	平整土地	1＝是；0＝否	0.44	0.50
	仓储设施投资	1＝是；0＝否	0.74	0.44
	农业机械投资	1＝是；0＝否	0.61	0.50
农产品特性	是否认证产品	1＝是；0＝否	0.44	0.50
企业资源禀赋	是否流转土地	1＝是；0＝否	0.87	0.34
	流转土地类型	1＝耕地；2＝山地；3＝其他	1.65	0.50
	流转土地面积	单位：亩	2 731.42	10 610.82
	注册资金	单位：万元	980.47	1 851.55
	与当地农民联系	1＝非常多；2＝比较多；3＝一般；4＝比较少；5＝非常少	1.6	0.79
市场风险	是否存在价格波动	1＝是；0＝否	0.71	0.46
交易环境	当地灌溉设施	1＝有；0＝无	0.42	0.50
	自来水	1＝有；0＝无	0.24	0.43
	电力	1＝有；0＝无	0.82	0.39
	网络	1＝有；0＝无	0.26	0.44
	企业是否获得补贴	1＝是；0＝否	0.73	0.45
	产品的产业基础	1＝产业相关；0＝不相关	0.56	0.50
	投资人是否当地人	1＝是；0＝否	0.82	0.39
	个人关系对销售的作用	1非常大；2比较大；3一般；4比较小；5无帮助	2.34	0.97
	政府对土地流转的作用	1非常大；2比较大；3一般；4比较小；5无帮助	2.30	1.19

在工商资本投资农业的具体组织形式中，比例最高的为“公司＋基地＋农户”组织形式，高达 50.83%；其次为“公司＋农场”组织形式，占比 38.33%；最后为“公司＋农户”组织形式，占比为 10.83%（表 6-2）。纯粹的商品契约模式非常少，主要是由于工商资本以单纯收购农产品形式进入农业，难以满足其对各种资源的需求。超过 1/3 的工商资本以纯粹的要素契约进入农业，在这种模式下，工商资本流转土地建设农业生产基地、雇用劳动力直接生产，可能对当地“三农”发展带来较大影响。占比例最大的契约模式是要素契约和商品契约兼而有之，工商资本既有农产品生产基地，又向当地农户收购农产品。这种契约强度中等的形式最常见，尤其在工商资本进入农业的初期和扩张期。原因在于：一是，流转基地需要投入大量的资金，由于农业的生产周期长，部分工商资本在生产初期不能或者不愿意投入巨大的沉没成本；二是，工商资本需要通过商品契约模式，收购农产品来补充自身基地产量，达到规模经济的目的。

表 6-2　工商资本投资农业的契约强度及组织形式

单位：个、%

契约强度	组织形式	样本量	占比
弱	公司＋农户	13	10.83
中	公司＋基地＋农户	61	50.83
强	公司＋农场	46	38.33

（2）交易特性的描述性统计

交易特征与企业特征、交易环境相关，体现在企业的资产专用性投资、交易频率、不确定性、有限理性和机会主义。资产专用性是表征交易特性的最重要体现，按照 Williamson（2001）的观点，资产专用性可以分为六类：场地资产专用性、设备资产专用性、品牌资产专用性、人力资产专用性、实物资产专用性和暂时性专用资产。

参考 Williamson（2001）对资产专用性分类，本研究在调查问卷中，用“是否投资道路”“是否投资水利灌溉设施”“是否平整土地”“是否投资仓储设施”和“是否购置农业机械”，来表征资产专用性对工商资本投资农业契约选择的影响。本研究首先从总体上把握资产专用性投资情况，把表征资产专用性的各项指标数值相加，形成“资产专用性投资强度”，其值的取值范围为 0～5，0 为强度最弱，5 为最强。接下来，按类别统计资产专用性投资强度。最后，结合契约强度和资产专用性投资强度进行分析。

从表 6-1 的统计结果可知，资产专用性总的投资强度为 3.03，标准差为

1.30。总的来说，工商资本发展农业的资产专用性投资较强。从投资的具体项目来看，道路投资建设的强度为0.57，标准差为0.50；灌溉设施投资建设的强度为0.73，标准差为0.44；平整土地的投资强度为0.44，标准差为0.50；仓储设施投资强度为0.74，标准差为0.44；农业机械投资强度为0.61，标准差为0.50。

表6-3 工商资本投资农业契约强度的统计分析

单位：个，%

契约强度	企业个数	均值	标准差
弱	13	1.31	1.32
中等	61	3.38	1.10
强	46	3.04	1.17

从表6-3的统计结果来看，当工商资本投资农业的契约强度较低时，专用性投资强度均值为1.31，且方差为1.32；当契约强度中等时，专用性投资强度均值为3.38，且方差为1.10；当契约强度为强时，专用性投资强度均值为3.04，且方差为1.17。以上可以直观看出，专用性投资强度与工商资本契约强度呈正相关关系。

（3）农产品特性的描述性统计

本研究的调研问卷中，设置了相关问题“贵公司生产的产品是否属于认证产品?”，用来表征工商资本生产的农产品特性。这些认证包括地理标志产品、无公害产品、绿色产品和有机产品。如果生产有机认证产品选择“1”，如果没有则选择“0”。从表6-1的统计结果显示，均值为0.44，标准差为0.50。

（4）企业资源禀赋的描述性统计

企业的资源禀赋，最直接体现为企业的投资规模。本研究为了可以进行计量统计分析，用企业的注册资金来表征。从表6-1的描述统计来看，工商资本的注册资金平均值为980万元，标准差为1 851.55。

（5）关于企业面临的市场风险的描述性统计

本研究用企业生产的主要产品在市场上的价格波动，来表征其面临的市场风险，其均值为0.71，标准差为0.46。上述统计数据表明，大部分企业生产的产品在市场上都存在价格波动的情况，面临的市场风险较大。

（6）关于企业面临的交易环境的描述性统计

企业面临的环境主要包括基础设施条件和制度环境。前者用项目地是否有灌溉设施、自来水、电力、网络和产业基础来表征；后者用企业是否获得补贴、投资人是否为当地人、个人关系对销售的作用和政府对土地流转的作用来表征。从表 6-1 的统计结果来看，电力设施较完善，82%的项目地均通电，42%的项目地有灌溉设施，但是只有 24%的项目地有自来水设施，26%的项目地覆盖网络，56%的企业生产的农产品与当地主要农产品相关，即在项目地有产业基础，可以形成规模经济。在企业面临的制度环境方面，73%的企业获得过补贴；82%的投资人为当地人，了解项目地情况，与当地村民互相熟悉；个人关系对销售的作用帮助较大；政府对土地流转的作用也较大。

6.3 工商资本投资农业契约选择影响因素的计量分析

6.3.1 研究方法：Ordered Logit Model 原理

在社会科学研究的分类变量或离散变量中，一些变量在测量层次上被分为相对次序（或有自然的排序）的不同类别，但并不连续，这类变量称之为定序变量（Ordinal Variable）或序次分类（简称为次序）变量（Ordered Categorical Variable），其对应的数据称之为排序数据（Ordered Data）。一般来说，定序变量假定用数值型取值（Numerical Values）来代表某一特定属性的次序。但这些排序并不一定反映某一实质尺度上的实际大小（Actual Magnitudes）。即定序变量的相邻类别之间的距离未必就是其分布的不同部分之间的距离，也就是说类别间的距离并不绝对相等。

对于某一个已知的整数 J，设 Y 表示在 $\{0, 1, 2, \cdots, J\}$ 上取值的定序变量。

令
$$\begin{aligned} L_j &= \mathrm{log}it[F_j(X)],(j=1,\cdots,J-1) \\ &= \log[P(Y \leqslant j \mid X)/P(Y > j \mid X)] \\ &= \log\{P(Y \leqslant j \mid X)/[1-P(Y < j \mid X)]\} \end{aligned} \quad (6-1)$$

其中，$F_j(X)=P(Y\leqslant j \mid X)$ 是 J 类别的累积概率函数（$c.d.f$）。

若 Y 独立于 X，则：

$$L_j(X) = \alpha_j + \beta X \quad (6-2)$$

若针对具有不同数值的 X 而言，如 X_1 和 X_2，则为：

$$L_j(X_1) - L_j(X_2) = \beta(X_1 - X_2) \quad (6-3)$$

针对某个因变量类别（$\leqslant j$），其自变量 X_1 相对于 X_2 的发生比等于 $\exp^{[\beta(X_1-X_2)]}$。

在 Stata 的计算结果中，β_k 反映了自变量 X_k 对因变量类别 $Y>j$ 的效应大小。

当 $\beta_k=0$ 时，表示 X_k 与因变量 Y 独立，即 X_k 对于 Y 的贡献没有统计学意义。

当 $\beta_k>0$ 时，表示随 X_k 的增加，Y 更有可能落在定序因变量分类值较大的一端；

当 $\beta_k<0$ 时，表示随 X_k 的增加，Y 更有可能落在定序因变量分类值较小的一端。

6.3.2 Ordered Logit Model 的应用

本研究以工商资本投资农业的契约强度作为被解释变量，即上文引入契约强度参数 θ，使 $0<\theta\leqslant1$。当 θ 为 0 表示契约强度非常低，在现实中表现为工商资本通过市场购买或者订单农业的形式采购农产品；当 θ 为 1 表示契约强度非常高，在实践中表现为工商资本通过要素契约形式，即流转土地形成基地生产农产品；当 θ 介于 0 和 1 之间，指工商资本投资农业的契约强度介于商品契约和要素契约之间。

由于被解释变量根据契约强度进行排序，如果使用多元 Logit 模型 (Multinomial Logit Model)，将无视数据内在的排序，导致排序信息的缺失，从而使统计结果因为遗漏排序信息而丧失统计效率；而 OLS 又把排序视为基数来处理，导致人为的信息膨胀（陈强，2014）。同时，如果使用不当回归，则会导致回归偏倚问题及一致性问题。针对定序因变量（Ordinal Dependent Varialbe）需采用对应的模型，即定序 Logit/Probit 模型（Ordianl Logit/Probit Model，OLM)。因此，本研究使用 Logit 多元排序模型进行分析。对于排序数据，可以使用潜变量法来推导出 MLE 估计量。

假设 $y^*=x'\beta+\varepsilon$（y^* 不可观测），而工商资本选择契约强度的规则为

$$y=\begin{cases}0, & 若\ y^*\leqslant r_0\\ 1, & 若\ r_0<y^*\leqslant r_1\\ 2, & 若\ r_1\leqslant y^*\end{cases}\tag{6-4}$$

其中，$r_0<r_1<r_2$ 为待估参数，称为“切点”(Cutoff Points)。

假设 ε 设 t (0，1)（将扰动项的方差标准化为 1)，则

$$\begin{aligned}P(y=0\mid x)&=P(y^*\leqslant r_0\mid x)=P(x'\beta P0\mid r_0\mid x)\\&=P(\varepsilon\leqslant r_0-x'\beta\mid x)=\Phi(r_0-x'\beta)\end{aligned}\tag{6-5}$$

$$\begin{aligned}P(y=1\mid x)&=P(r_0<y^*\leqslant r_1\mid x)\\&=P(y^*\leqslant r_1\mid x)-P(y^*\leqslant r_0\mid x)\\&=P(\varepsilon+x'\beta\leqslant r_1\mid x)-\Phi(r_0-x'\beta)\\&=P(\varepsilon\leqslant r_1-x'\beta\mid x)-\Phi(r_0-x'\beta)\\&=\Phi(r_1-x'\beta)-\Phi(r_0-x'\beta)\end{aligned}\tag{6-6}$$

$$P(y=2 \mid x)=\Phi(r_2-x'\beta)-\Phi(r_1-x'\beta)=1-\Phi(r_1-x'\beta) \tag{6-7}$$

如此，可以得出样本似然函数，当扰动项服从逻辑分布，则可得到 Ordered Logit Model。

6.3.3 实证结果分析

本研究把工商资本投资农业的契约强度作为被解释变量、各项影响因素作为解释变量，利用 OLM 模型的回归结果如表 6-4 所示：

表 6-4 工商资本契约强度影响因素 OLM 回归估计结果

类型	影响因素	系数	P 值
交易特性	资产专用性投资强度	0.22	0.161
农产品质量	是否认证产品	0.375	0.394
企业资源禀赋	投资人是否当地人	−0.49	0.362
	与原从事行业的技术相关性	−0.57	0.145
	注册资本	1.72*	0.085
	与农民的联系	0.51**	0.031
	个人关系对销售的作用	−0.15	0.936
市场风险	是否存在价格波动	−0.61	0.284
	价格波动区间	−0.02	0.914
交易环境	当地灌溉设施	0.61	0.167
	自来水	−0.40	0.443
	电力	0.49	0.417
	网络	−0.83*	0.095
	企业是否获得补贴	−0.60	0.214
	产品的产业基础	−1.32**	0.003

注：使用 Stata/Se14.0 软件计算，***、**、* 分别表示在 1%、5%、10%统计水平上显著。

6.3.4 交易特性对工商资本契约选择的影响

从表 6-4 的计量结果来看，资产专用性强度对工商资本投资农业的契约选择的影响是正向的。也就是说，如果资产专用性越强，那么工商资本投资农业则越倾向于采用更强的契约形式。以上实证结果印证了前文中论述的 Williamson（2001）、黄祖辉、王祖锁（2002）、罗必良等（2007）人关于资产专用性与组织契约形式的理论。

表 6-5　资产专用性对工商资本契约选择的影响

类别	影响因素	系数	P 值
产地专用性资产投资	道路投资建设	−0.65	0.11
	灌溉设施投资建设	0.91*	0.07
	平整土地	0.73*	0.07
设备专用性资产投资	仓储设施投资	0.99**	0.03
	农业机械投资	0.55	0.19

注：使用 Stata/Se14.0 软件计算，***、**、* 分别表示在 1%、5%、10%统计水平上显著。

更深入地，表 6-5 基于专用性资产投资的不同类别，进行 OLM 回归并得出计量结果，来分析其对工商资本投资农业契约选择的影响。"灌溉设施投资建设"和"是否平整土地"在 10%的统计水平上显著，且影响方向是正的。那就意味着，如果工商资本进行了灌溉设施投资建设和土地平整，那么他们以强契约模式投资农业的概率较大。以上两种属于场地资产专用性投资，工商资本在土地上的投资是一种沉没成本，由于这种投资无法收回，因此进行以上两种资产专用性投资的工商资本更倾向于长期流转土地投入更多以获得全部收益。"是否投资仓储设施"在 5%的统计水平上是显著的，且影响方向是正向的。仓储设施属于设备专用性投资，如果工商资本投资了仓库、冷库等仓储设施时，他们更倾向于形成强契约模式。

除了以上三种在统计水平上非常显著的影响因素外，农业机械投资在 20%的统计水平上显著，影响方向为正。也就是说如果工商资本投资了农业机械，那么他们更倾向于强契约模式。

最后，分析道路投资建设对工商资本契约选择的影响。实证结果显示，在 15%的统计水平上是显著的，但是影响方向为负向。意味着如果工商资本加大道路投资建设，那么其倾向于选择商品契约。这恰恰是符合实际情况的，如果工商资本选择"公司＋农场"组织形式，那么他们更多地投资自身方面。只有当工商资本对道路等基础设施进行投资的时候，他们才有可能更希望以"公司＋农户"组织形式收购农产品，一是通过提高当地农业设施，来维持与生产农户的契约稳定；二是通过提供农业社会化服务来提高合作农户的产量和质量，最终达到自身发展农业的目的。

6.3.5　农产品质量要求对工商资本契约选择的影响

在国际市场，随着中国经济不断融入世界经济，以及国际贸易中质量标准的提高，分散小农户生产的产品安全和质量问题逐渐成为农产品及加工产品出口的瓶颈。国际竞争迫使中国政府进行农业供给侧改革，促使中国企业提高农产品的安全和标准化程度。在国内市场，随着人们生活水平的提高，消费者对高质量农产品的需求增加，如有机食品、绿色食品的需求量大增。然而，要让有差异的众多小农户生产出高质量、安全和标准化的农产品是一桩极其困难的事情。农户为企业加工农产品提供原料来源，但是由于难以对农户的生产进行控制，导致企业内部的加工控制无效。因此，企业不得不探索新的模式，进行大量的技术、人力和资产专用性投资，有可能更倾向于选择要素契约模式，建设自有基地生产，保证产品的有效供给和质量的稳定性。

由于认证产品比一般的农产品具有较高的质量、销售价格也更高，因此本研究通过了解企业是否生产认证产品，来考察农产品质量要求对工商资本契约选择的影响。表 6-4 的实证结果显示，系数为 0.375、P 值为 0.394，表示生产认证产品对工商资本契约强度的影响为正，但结果不是特别显著，即如果对农产品质量要求更高，那么工商资本更倾向于强契约。

那么，在不同的行业，农产品质量要求对工商资本契约选择的影响是否不同呢？如果区分行业来看，结果是否会不一样呢？因为本研究利用的数据涵盖水果、蔬菜、苗木、药材、茶叶、粮食等多种不同的产业，部分产业全部农产品都难以获得认证，如苗木和粮食，因此，本研究在控制住其余重要变量的情况下，利用 OLM 模型考察水果产业的认证农产品对工商资本契约强度的影响。实证结果表明，其系数为 1.72，P 值为 0.096，在 10%的统计水平上是显著的，意味着对于水果产业而言，工商资本生产质量较高的农产品时，倾向于采用高强度的契约模式。该实证结果符合上一章的理论分析及判断，当企业要对农产品进行严格的质量控制时，更多地采取“公司＋农场”模式进行直接管理。

6.3.6 企业资源禀赋对工商资本契约选择的影响

工商资本的资源禀赋包括企业的资金、技术、企业家能力、社会资本等，这些具体因素影响了工商资本的契约选择。

投资规模越大，企业的理性选择是增加契约强度以规避契约风险。除了投资规模外，企业的类型、实力、经营机制等方面的特征，综合起来构成了企业的综合竞争力，这些企业的内在因素直接影响着参与农业的契约选择。本研究用注册资本对工商资本投资农业的契约强度用 OLM 进行实证研究，发现系数为正，P 值为 0.085，在 10%的统计水平上是显著的，证实了以上观点。

部分工商资本在原领域和行业具备了专门的技术，这些技术可能会与农业相关。有技术基础的工商资本会更容易进入农业行业，并成为其竞争优势。实证结果显示，原从事行业技术与农业的相关性的系数为负，P 值为 0.145，即在 15%的统计水平上显著。意味着，如果工商资本具有与农业相关的技术优势，则倾向于选择契约强度较低的模式，如商品契约。有可能是因为工商资本利用其技术优势，把技术作为一种纽带与农户合作，提供技术支持并收购农产品。

企业家能力及其社会资本可以用三类具体指标来表征：一是与当地农户的关系；二是与当地政府的关系；三是个人关系营销网络。实证结果表明，当投资人与当地农户、村委会联系得越少，越倾向于契约强度大的模式。联系频繁与否和契约模式之间存在内生性，当企业采用“公司＋农场”组织形式时，与农户的联系就较少；当企业采用“公司＋农户”组织形式时，与农户的联系就多。另外，投资人的个人营销网络对契约模式并没有太大的影响。

6.3.7　市场风险对工商资本契约选择的影响

聂辉华（2013）认为，农产品市场价格波动程度越大，则市场风险越大，企业与农户的契约不稳定性增加，企业对未来市场的需求的数量和价格难以预料，便会增加契约强度来规避契约风险，因此，要素契约优于商品契约，反之，则商品契约优于要素契约。

但从实证分析结果来看，“是否存在价格波动”和“价格波动的幅度”对工商资本契约选择的影响均不显著。聂辉华（2013）仅从规避契约风险来考虑企业在面临市场风险时候的契约选择，并没有考虑到不同契约模式本身的风险规避行为。当市场价格波动时，采用要素契约的企业面临全部的市场风险；采用商品契约的企业，虽然契约风险也很高，但是由于成本相对较低，对市场风险的抵御能力相对较强。

因此，市场价格波动直接影响企业的成本和收益，企业存在对市场风险的规避行为，有可能通过契约选择来规避市场风险，但是同时，工商资本的契约选择行为本身可以理解为一种风险规避决策。因此，当农产品价格波动幅度较大时，有的企业选择利用要素契约降低与农民契约不稳定的风险，但同时，要素契约意味着企业承担大部分的市场风险。即要素契约在降低契约风险的同时使企业承担更多的市场风险，因此两种规避风险带来的效果一增一降，当他们叠加在一起时，市场风险和契约选择两者不一定存在相关关系。

6.3.8 交易环境对工商资本契约选择的影响

企业所处的交易环境主要是指基础设施状况（如交通条件）和制度环境（包括政策、法律环境）等因素（王亚静，2007）。前者为硬件；后者为软件。

从实证分析结果来看，灌溉条件和电力设施越完善，工商资本越倾向于采用要素契约模式；自来水和网络覆盖越全面，工商资本越倾向于采用商品契约模式。但是以上因素只有网络覆盖在10%的统计水平上是显著的，其余因素均不显著。可能的原因在于：一是，灌溉条件和电力设施与当地对农业的重视程度相关。设施越完善，越有可能是当地政府对工商资本的土地等政策越宽松，工商资本越有可能自建基地，因此倾向于采取要素契约模式。二是，自来水和网络覆盖与当地经济条件相关。自来水和网络覆盖在当前农村还没有完全普及，在经济条件较好的地区，才能覆盖自来水和网络。因此，可能由于经济条件较发达地区，土地资源紧张，工商资本只能选择商品契约模式以降低当地资源约束。

另外，当地的产业基础对工商资本契约选择的影响是非常显著的，P 值为0.003，在1%的统计水平上是显著的，同时，系数为负。可能由于当地已经形成相关农产品的规模经营，建立起地域性农产品品牌，采取订单农业或者直接收购农产品的方式，可以在农产品的数量和质量上得到保证，因此更倾向于采取商品契约方式。

本研究以“是否获得补贴”表征农业政策对工商资本进入农业契约选择的影响。从实证结果来看，农业政策的影响并不显著。农业政策补贴是多种多样的，有针对农业设施的项目补贴、贴息贷款补贴和农业设备购置补贴等。但这些补贴并不针对某一农业经营主体，合作社、家庭农场和农业企业均有可能获得补贴，因此农业补贴政策对工商资本并无太大影响。

6.4 本章小结

目前，工商资本与农户联结以要素契约为主，以商品契约作为补充。影响工商资本投资农业的契约因素分为五大类：交易特性、农产品质量、企业资源禀赋、市场风险和交易环境。资产专用性投资越大、农产品质量要求越高、投资规模越大、项目地的自来水和网络基础设施越完善，工商资本越倾向于选择要素契约；拥有越高的技术优势，工商资本越倾向于选择商品契约；农业补贴政策和市场价格波动与工商资本契约选择并没有显著相关性。

第 7 章　农户对工商资本投资农业的合作响应[①]

工商资本可以带来资金、技术和先进的经营模式，加快传统农业改造和现代农业建设。国家期望通过跨界配置资本、技术和资源等生产要素，实现发展现代农业的目标。前文已经对工商资本投资农业的契约选择及影响因素进行了理论和实证分析。一方面，无论工商资本以商品契约还是要素契约投资农业，必然要对当地的土地、劳动力进行重新配置，而这些农业资源与当地农户密切相关，因此，工商资本投资农业必然会对农户带来巨大影响。另一方面，工商资本投资农业对农户的影响是正向还是负向，没有达成共识，仍是争论的焦点。部分学者研究发现，工商资本进入农业种植环节对参与农户增收有促进作用（王艺潼等，2016），生态农业项目还可以带来知识溢出，提高周边农民的就业能力（杨雪峰，2017），一部分人抓住时机、响应机会并采取行动，成为新的乡村精英群体（李云新、黄科，2018）；另一部分学者持相反观点，认为工商资本发展的现代农业会分享大量的农业利益，挤占小农的生存空间（贺雪峰，2009），形成“资本家剥削小农”（贺雪峰，2009；赵俊臣，2009），引起农民失业问题和生存保障问题（张亚平、郑洵，2011），部分地区甚至出现工商资本侵害小农户利益的现象（张红宇等，2014；蒋永穆等，2015）。那么，科学评估工商资本投资农业对农户的影响，有利于在保障农户利益的基础上，发挥工商资本优势、引导工商资本采取最优的契约模式进入适宜的农业领域。

更重要的是，在当前实施乡村振兴战略背景下，需要“坚持农民主体地位”并“调动亿万农民的积极性、主动性、创造性”[②]，那么，在工商资本与农户的合作关系中，农户的合作响应是体现上述政策的关键。

基于此，本章关注在工商资本投资农业的过程中，农户选择合作还是不合

① 本章部分内容以《资本下乡中农户的合作行为、合作意愿及契约选择意愿研究》为题发表于《贵州财经大学学报》2021 年第 2 期，作者为石敏、李大胜和吴圣金。

② 引自 2018 年 1 月 2 日《中共中央 国务院关于实施乡村振兴战略的意见》。

作，或选择何种契约形式合作，对工商资本的合作意愿、期望的合作契约模式及影响因素，他们关注的问题及优先序。本章从微观农户视角出发，利用农户问卷调查数据，考察农户对资本下乡的合作行为和合作意愿，并对两者进行比较分析；基于实践中工商资本投资农业与农户形成的商品契约、要素契约和合作共赢三种契约关系，分析农户的契约模式选择意愿；并分析农户合作行为、合作意愿和契约选择意愿的影响因素。

7.1 农户合作行为的逻辑推演与理论假说

面对工商资本投资农业，特别是不同契约模式的工商资本，农户的合作行为、合作意愿存在异质性。有必要对农户的合作行为和合作意愿进行理论分析，农户行为理论为本章研究提供了分析框架。

另外值得一提的是，前文中我们提及契约选择均是从工商资本角度出发，将契约模式区分为商品契约和要素契约，并在实证研究中用契约强度进行衡量。但是，在这一章中，我们是从农户的角度来看待工商资本投资农业的契约，需要考虑农户对合作关系的期望，或者对最优契约关系的需求。从与农户的访谈中，我们了解到，农户期望的契约模式除了商品契约和要素契约外，还希望将土地或者其他资源作价以股份形式投入公司，与工商资本合作共赢。因此，我们在这一章将农户期望的契约模式分为商品契约、要素契约和合作共赢三种模式。合作共赢往往是工商资本和农户联结了土地等生产要素，在要素契约基础上达成利益共享机制，是双方利益关系最紧密的契约关系。

7.1.1 农户合作行为的理论基础

农户行为理论主要包括了以舒尔茨为首的“理性小农”、以斯科特为代表的“生存小农”、以黄宗智为代表的“社会化小农”等流派（冯华超、钟涨宝，2017；翁贞林，2008）。农户意愿研究属于农户行为研究的一个重要部分。

基于农户行为理论，面对一项经济行为选择，农户决策至少会受到内外部因素的综合约束。在工商资本投资农业的实践中，为减少交易成本，工商资本有选择性地与农户开展合作（仝志辉、温铁军，2009）。因此，农户的合作行为选择并非受自身意志完全控制，还受执行行为的个人能力、机会以及资源等实际控制条件的制约（Ajzen、Icek，1991）。因此，本节从农户人口特征、家庭生产禀赋差异、合作对象（工商资本）和外部环境，构建农户对工商资本的合作意愿、合作行为和契约选择意愿的理论分析框架（图7-1）。首先，对比分析农户与工商资本的合作意愿和合作行为；接着，考察农户人口特征、家庭生产特征、工商资本特征和外部环境对农户合作行为和合作意愿的影响；分析工商资本对商品契约、要素契约和合作共赢的契约选择意愿及其影响因素。

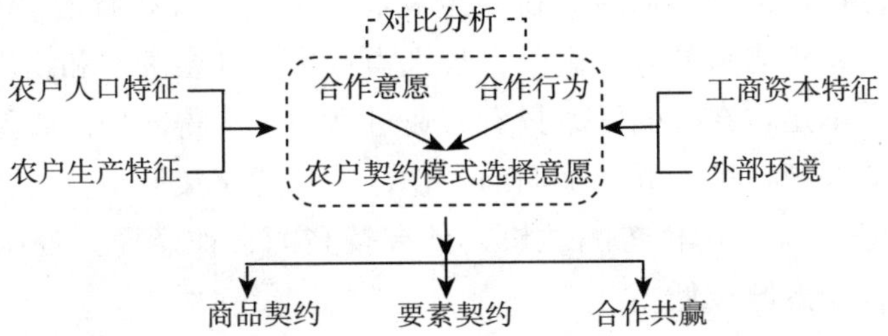

图7-1　农户合作行为、合作意愿及契约选择意愿分析框架

7.1.2　农户合作行为的理论假说

基于农户行为理论，本研究从农户人口特征、家庭生产特征、工商资本特征和外部环境四个因素，分析他们对农户合作行为、合作意愿和契约选择意愿的影响，并提出四个理论假说：

（1）农户人口特征对农户合作意愿和契约模式选择意愿的影响

农业经济学持续关注了人口统计学特征与农户行为的关系（Burton，2014）。年龄、受教育程度、工作经历和性别等，是决定农户收入效应最大化的重要因素，影响农户的行为决策（Murphy et. al，2011；Wiloson and Hart，2000）。但是，由于工商资本投资农业是有选择性地与部分农户合作，部分有合作意愿的农户不一定能参与合作，也就是说农户合作行为由工商资本来决定。因此，人口特征对农户合作意愿和合作行为是有差异的。

H1：人口特征对农户合作行为和合作意愿的影响存在差异，人口特征影响农户的合作意愿，但不一定影响农户的合作行为。

（2）家庭生产特征对农户的合作意愿和契约模式选择意愿的影响

农户的生产特征，例如土地经营规模、农业设施投资强度和收入来源，即农户拥有的生产资源多寡，或者说在农业生产中处于优势或者劣势，导致他们对待工商资本的态度不一。可能出现两种极端的情况。一方面，拥有较多生产资源、农业生产具有优势的农户在与工商资本合作过程中，能够使自己的物质资本、社会资本和人力资本都得到充分的发挥，并能获得较大的经济效益，因此，农户表现出积极的合作意愿和行为。例如，随着种植规模增大，农户会遭遇销售瓶颈，需要借助于外在的农产品营销网络，即农户拥有的土地资源越多，会产生更强烈的合作需求。还有，当农户进行了更多的资产专用性投资，意味着农户承担了更高的自然风险和市场风险，通过与工商资本合作，提前签订农产品销售合同来锁定利润，或者利用工商资本的销售渠道实现农产品价值，这些途径都可以降低风险获得稳定利润。另一方面，拥有较少农业资源、在农业生产中处于劣势的农户由于自身人力资本、社会资本和物质资本等资源要素严重积累不足，在工商资本投资农业过程中，获得的经济收益明显低于生产资源较多的农户，可能导致他们的合作行为和意愿较低。

H2：拥有农业生产优势的农户，具有较高的合作意愿；处于农业生产劣势的农户，合作意愿较低。

（3）工商资本特征对农户合作行为、合作意愿和契约选择意愿的影响

工商资本具有很大的异质性，其特征可以从以下四个方面来刻画：一是工商资本的声誉。声誉是反映契约各方历史记录与特征的信息集，可以作为显性激励契约的替代物，激励和约束行为人的行为（高杰，2013）。农村是熟人社会（费孝通，2006），投资人要在熟人或半熟人圈子形成声誉，获得当地农户的信任，才能获取当地稀缺资源。因此，投资人通过个人或宗族的优良传统、与农户的前期合作以及发展农村公益事业等，在农村社会形成声誉，影响农户的合作行为和意愿。二是工商资本对农户的技术、资金等支持行为和方式。分散的小农面对市场经济存在诸多困难，企业成为联结农户和市场之间的桥梁，在农业生产各环节发挥作用，在产前环节提供农资和种子，在生产环节提供技术支持，在产后环节提供市场信息和销售渠道，使农户融入市场经济并带动农民致富。因此，对农户的支持方式也是工商资本特征的一个重要维度。三是工商资本的土地流转方式。对于农户而言，土地不仅是农业生产的重要载体，还具有社会保障功能。尤其在目前实行土地承包经营权确权颁证政策下，农民普遍存在土地增值预期。在工商资本投资农业进程中，农户不仅重视工商资本交纳的土地租金和增幅，还关注工商资本土地利用方式，警惕土地用途的改变。四是工商资本的经营管理模式。外来资本在推进农业项目进程中，与当地村落村委会和村民就稀缺资源利用进行长期博弈。为更好地经营和管理农业项目，工商资本有可能干涉农村自治和操控村委会的管理，以达到更好地利用农村资源的目的。

H3：工商资本声誉、对农户支持方式、土地流转方式和经营管理模式，显著影响农户与工商资本的合作行为和合作意愿。

（4）外部环境对农户合作行为和合作意愿的影响

农户行为与所处的外部环境密切相关，当地有关农业发展的政策环境、农村社会治理和经济发展条件均影响农户的合作行为和合作意愿。政府支持政策、完善的农业服务体系和良好的社会、经济发展条件可以降低工商资本投资农业的生产成本和交易费用，提高农户参与农业项目的积极性。

H4：外部环境显著影响农户的合作行为和合作意愿。

7.2　实证研究方法、数据来源与样本描述

7.2.1　研究方法

（1）Binary Logit Model

本研究利用Binary Logit Model（二元选择模型，BLM）考察农户合作行为和合作意愿的影响因素，并进行对比分析。BLM也被称为离散选择模型（Discrete Choice Model）或定性反应模型（Qualitative Response Model），有时候被解释变量只能取非负整数。对于BLM，通常可以通过潜变量（Latent Variable）来概括该行为的净收益。如果净收益大于0，则选择实施该行为；如果净收益小于0，则不实施。假设净收益为

$$y^* = x'\beta + \varepsilon \tag{7-1}$$

其中，净收益 y^* 为不可观测的潜变量。个体的选择规则为

$$y = \begin{cases} 1, 若\ y^* > 0 \\ 0, 若\ y^* \leqslant 0 \end{cases} \tag{7-2}$$

因此，

$$P(y=1 \mid x) = P(y^* > 0 \mid x) = P(x'\beta + \varepsilon > 0 \mid x) = P(\varepsilon > -x'\beta \mid x) \tag{7-3}$$

假设 $\varepsilon \sim N$（0，σ^2）服从逻辑分布，则

$$P(y=1 \mid x) = P(\varepsilon > -x'\beta \mid x) = P(\varepsilon < x'\beta \mid x) = F_\varepsilon(x'\beta) \tag{7-4}$$

其中，F_ε（·）为 ε 的累积分布函数。如果 ε 服从逻辑分布，则为Logit。

（2）Multinomial Logit Model

在考察了农户的合作行为和合作意愿以后，本部分进一步考察农户期望的契约模式，并利用Multinomial Logit Model计量方法考察其影响因素。

基于农户的角度，本章将工商资本投资农业的契约模式划分为商品契约、要素契约和合作共赢三类。在研究方法的选择上，如果个体面临的选择是大于

两个以上的多值时，将考虑利用 Multinomial Logit Model（多元选择模型，MLM）进行计量分析。该模型实际上是将二分类 Logit 模型进行扩展、对多分类因变量进行分析的一种回归模型。其在参数估计、假设检验、模型比较及回归系数解释上都与二分类模型相同（陈强，2014）。

由此，本研究利用 MLM 分析农户期望的契约模式，将契约模式分为商品契约、要素契约和合作共赢三类，分别用 $j=1$，2，3 表征。

根据该模型的原理，第 i 个农户选择第 j 种契约模式的效用为：

$$U_{ij} = x'_i\beta_j + \varepsilon_{ij} (i = 1,\cdots,n; j = 1,2,3) \qquad (7-5)$$

其中，U_{ij} 表示第 i 个农户选择第 j 种契约模式的效用，x_i 表示影响第 i 个农户选择第 j 种契约模式的影响因素。解释变量 x_i 只随个体 i 而变，不随方案 j 而变。系数 β_j 表明，x_i 对随机效用 U_{ij} 的作用取决于方案 j。

约束条件为：

$$P(U_{ij} > U_{ik}) \qquad k = 1,2,3 \qquad (7-6)$$

即第 i 个农户选择第 j 种契约模式能达到效用最大。因此，假设 y 为第 j 个农户的选择，可以得到第 i 个农户选择第 j 种契约模式的概率为：

$$P(y_i = j) = \frac{e^{X_i B_j}}{\sum_{k=1}^{3} e^{X_i B_k}}, j = 1,2,3 \qquad (7-7)$$

其中，X_i 表示第 i 个农户的估计解释变量，k 为 3 个选择组成的选择集。

7.2.2 数据来源

本章所使用的数据来自农户调研问卷，共 218 份，其中来自广东省 143 份，云南省 64 份，其他省 11 份。调研区域主要是广东省和云南省，广东省经济较发达但农业资源缺乏，云南省经济欠发达但农业资源较丰富，前者作为发达地区代表，后者作为欠发达地区代表，处于区域差异的农户与工商资本的合作行为和意愿更具代表性和研究价值。调研方式均以调研员与农户“面对面”且“一对一”的访谈形式进行，保证了数据的有效性和准确性。

7.2.3 变量选择及其描述性统计分析

模型中被解释变量为农户与工商资本的合作行为、合作意愿和契约选择意愿，即农户在行为上是否合作、是否希望合作以及农户对商品契约、要素契约和合作共赢三个模式的选择意愿。解释变量为可能影响农民合作行为和意愿的各种因素，主要包括以下四个维度：一是农户人口特征，具体变量包括户主受教育程度、家庭劳动力数量；二是农户生产特征，具体变量包括农户的种植面积、农业收入比例以及农户是否进行了农业设施投资；三是工商资本的特征，衡量的维度包括工商资本在熟人社会的声誉、和农户合作的方式、土地流转方式和经营管理模式及对农村自治的影响，具体变量用“是否发生过不按合同履约”“是否对农户提供支持”“是否大面积流转土地”和“是否干涉农村管理事务”表征；四是制度环境，用“当地农村基础设施水平”和“当地农村耕地质量”表征农户和工商资本合作的资源环境，用“村委会是否提供支持”和“乡镇政府是否提供支持”表征双方合作的制度环境，最后，用“农产品价格波动”表征合作双方面临的市场环境（表7-1）。

表7-1　相关变量的描述性统计分析

变量类型	变量名	变量解释	均值	标准差
被解释变量	农户合作行为	0=不合作；1=合作	0.64	0.48
	农户合作意愿	0=不愿意；1=愿意	0.78	0.41
	农户契约模式选择意愿①			
农户人口特征	户主受教育年限		8.22	2.58
	家庭劳动力数量	家庭中年龄介于16～60岁的人数	3.38	1.53
农户生产特征	农业种植面积	单位：亩	33.04	98.95
	农业收入比例	单位：%	59.80	27.25
	是否投资农业设施	0=否；1=是	0.60	0.49
工商资本特征	是否发生过不按合同履约的行为	0=没有；1=不知道；2=有	0.71	0.63
	是否对农户提供支持	0=不支持；1=支持	0.45	0.50
	大量流转土地	1=不同意；2=部分同意；3=同意	1.84	0.68
	干涉农村管理事务	1=不同意；2=部分同意；3=同意	1.57	0.65
制度环境	当地农村基础设施水平	介于0～4，由低至高②	3.48	0.65
	当地农村耕地质量	1=非常好；2=比较好；3=一般；4=比较差；5=非常差	2.73	0.72
	村委会是否提供支持	0=不支持；1=支持	0.58	0.49
	乡镇政府是否提供支持	0=不支持；1=支持	0.43	0.50
	农产品价格波动	0=没有；1=有	0.70	0.46

数据来源：来自调研数据整理。

① 表7-2详细介绍该变量的分布。

② 农户问卷中设置了“当地是否有自来水、电力、通信和网络”4个题项。根据农户访谈，具有该项设施由“1”表征；没有该项设施由“0”表征。“当地农村设施水平”由四种设施相加，介于0～4，0表示低水平基础设施，4表示基础设施完善。

从表 7-1 来看，64%的样本农户选择与工商资本合作；78%的样本农户希望与工商资本合作。农户合作行为和意愿因素影响相关变量的统计分析如下：第一，关于农户人口特征相关变量，户主平均受教育年限为 8.22 年，平均家庭劳动力数量为 3.38 人。第二，关于农户生产特征的相关变量，加上转入的土地面积，户均农业种植面积为 33.04 亩，而标准差为 98.95；户均农业收入比例为 59.80%；60%农户曾投资基础设施。户均农业种植规模标准差大，表明样本农户具有很高的异质性。第三，关于工商资本特征的相关变量，工商资本不按合同履约的情况较少发生，45%工商资本对农户提供支持，大部分农户认为工商资本大量流转土地，但较少干涉农村管理事务。第四，关于制度环境的相关变量，工商资本进入的农村基础设施水平普遍较高，当地耕地质量较好，58%村委会、43%乡镇政府对工商资本和农户的合作提供了支持，70%农产品价格存在波动。

由于被解释变量“农户契约模式选择意愿”涉及商品契约、要素契约和合作共赢三种工商资本投资农业的契约模式，表 7-2 对其进行分类描述分析。

表 7-2　农户期望与工商资本合作的契约模式

单位：次,%

期望契约模式	具体形式	频次	比率
商品契约	多余农产品销售给公司	65	7.77
	“公司+农户”	71	8.48
	“公司+合作社+农户”	276	32.97
要素契约	受公司农场雇工	67	8.00
	出租土地给公司，获得租金	76	9.08
合作共赢	入股公司，共同发展	282	33.69
总计		837	100

注：部分农民希望与企业形成多元化的合作方式，选择多个选项，因此对契约选择意愿的统计为频次。

从统计分析结果来看，首先，33.69%的农户希望以土地等入股经济实体的形式，与工商资本形成利益共同体，实现合作共赢。农户的这一选项体现了对自身利益最大化的需求，以及对工商资本和自身长远发展的愿意。其次，32.97%的农户希望以“公司+合作社+农户”的方式与工商资本进行合作，究其原因，主要在于合作社起到了增大农民话语权的作用。最后，只有 17.08%的农户希望以要素契约的形式与工商资本合作。

7.3　理论假说检验：实证结果及分析

7.3.1　工商资本投资农业：农户的合作行为和合作意愿比较分析

为比较农户的合作行为和合作意愿，探究两者差异性以及导致其差异性的原因，本研究将农户与工商资本的合作行为和合作意愿作为被解释变量、各项影响因素作为解释变量，利用 BLM 模型的回归结果如表 7－3 所示。

表 7－3　农户合作行为和合作意愿影响因素的回归估计结果

变量类型	变量名	合作行为		合作意愿	
		系数	P 值	系数	P 值
农户人口特征	户主受教育年限	−0.14	0.110	−1.36	0.174
	家庭劳动力数量	−0.98	0.328	−2.04**	0.041
农户生产特征	农业种植规模	1.72*	0.086	1.11	0.265
	农业收入的比例	−0.83	0.407	−0.70	0.486
	是否投资农业设施	2.12**	0.034	1.87*	0.062
工商资本特征	是否发生过不按合同履约行为	−0.89***	0.003	−1.47***	0.000
	是否对农户提供支持	0.95**	0.035	0.28	0.780
	大量流转土地	0.24	0.473	0.50	0.243
	干涉农村管理事务	0.17	0.619	−1.06*	0.011
外部环境	当地农村基础设施水平	−0.43	0.158	0.20	0.541
	当地农村耕地质量	0.48	0.149	0.15	0.633
	村委会是否提供支持	−0.79*	0.094	0.37	0.482
	乡镇政府是否提供支持	0.66	0.200	0.57	0.330
	农产品价格波动	0.86*	0.095	0.05	0.867
样本量		218		218	
准 R^2		0.195 6		0.068 7	
LR 统计量		37.88		37.70	
P 值		0.000 5		0.000 6	

注：回归估计结果是使用 Stata/Se14.0 软件计算，***、**、* 分别表示在 1%、5%、10%统计水平上显著。

（1）人口特征对农户合作行为和合作意愿影响的比较分析

人口特征对农户合作行为和合作意愿的影响存在差异。人口特征对农户的合作行为在统计上并没有显著的因果关系，但是影响了农户的合作意愿。以上结果与 H1 是相符的。具体而言，家庭劳动力数量对农户合作意愿的系数统计值为负，且在 5%的水平上具有显著性。家庭劳动人口越多，越不愿意与工商资本合作，原因可能有以下两个方面：一是可能由于家庭劳动力增加，有能力承担农业生产，农户更希望独自经营来获得农业生产的自主权；二是可能随着劳动人口的增加，更多劳动力外出务工而不是从事农业劳动。

（2）生产特征对农户合作行为和合作意愿影响的比较分析

生产特征同时影响着农户的合作行为和合作意愿。从生产特征对农户合作行为的影响来看，农业种植规模的系数统计值为正，且在 10%的水平上具有显著性，意味着种植规模越大，农户越倾向于与工商资本合作；农业设施投资具有资产专用性，农户对农业设施投资的系数统计值为正，且在 5%的水平上具有显著性，意味着农户对农业的资产专用性投资越大，越倾向与工商资本合作。从生产特征对农户合作意愿的影响来看，农业基础设施投资对农户合作意愿的系数统计值为正，且在 10%的水平上具有显著性。

无论从行为还是意愿来看，种植规模越大和对农业设施投入越多，农户越倾向于与工商资本合作。随着种植规模增大，农户会遭遇销售瓶颈，需要借助外在的农产品营销网络，即农户拥有的土地资源禀赋越多，会产生越强烈的合作需求。农业投资的资产专用性较高（温涛等，2015），当农户进行了更多的资产专用性投资，意味着农户承担了更大的自然风险和市场风险，通过与工商资本合作可以降低风险以获得稳定利润。据此，假设 H2 得以证实。

然而，由于工商资本对合作农户有选择性，因此，不是所有具有合作意愿的农户都能实现合作，只有农业生产具有优势的农户，才能最终实现与工商资本合作。由于种养大户具有较高的资源禀赋，工商资本在与他们合作的过程中能有效降低交易费用和生产成本。而小农虽然有较高的合作意愿，但是未能搜寻到合作对象，一直处于不利的处境，贫穷的农户越来越穷。农户生产特征的差异性，工商资本投资农业会在一定程度上导致农村社会贫富分化加剧，增加了农村社会的不稳定因素。

（3）工商资本特征对农户合作行为和合作意愿影响的比较分析

从实证结果来看，H3 得以部分证实，工商资本特征影响农户的合作行为和意愿，以下从不同维度进行具体分析。

第一，如果工商资本曾发生过的不按合同履约行为，那么其对农户的合作行为和合作意愿的系数统计值为负，且在 1%的水平上具有统计显著性。由此，声誉机制在农户的合作行为和合作意愿中发挥至关重要的作用。第二，工商资本的支持可以影响农户合作行为，当工商资本提供支持时，农户更倾向于合作，且在 5%的水平上具有统计显著性。但是从农户的合作意愿来看，工商资本支持与否并不足以调动农户主观上的合作积极性。可能的原因在于，农户对工商资本投资农业模式具有更高的期待，希望与工商资本联结更紧密的合作关系和利益分享机制。第三，工商资本是否大量流转土地，与农户的合作行为和合作意愿在统计上没有显著相关性。第四，工商资本是否干涉农村管理事务，对农户合作行为和合作意愿的影响不一。该指标对农户行为影响的系数在统计上没有显著性，表明工商资本管理农村事务不影响农户的合作行为。但是，该指标对农户合作意愿的系数统计值为负，且在 10%的水平上具有统计显著性，表明如果工商资本干涉农村管理事务，农户不愿意与他们合作。

（4）外部环境对农户合作行为和合作意愿影响的比较分析

外部环境不同维度对农户合作行为和合作意愿的影响存在差异性，因此，上文中提出的假设 H4 得以部分证实。外部环境的表征变量中，只有变量“村委会是否提供支持”对农户的合作意愿的系数统计值为负，且在 10%的水平上具有统计显著性。意味着当村委会提供支持时，农户反而在行为上不与工商资本合作。原因可能在于村委会以及基层政府在工商资本投资农业过程中存在的负面作用，甚至侵害了农户的利益，导致农户产生了不愿意合作的想法。如果工商资本直接与大量分散农户签订合作协议，存在高昂的交易成本和搜寻费用，村委会和乡镇政府的有效沟通可以降低交易费用，促进双方的合作。但是，如果基层政府不能合理评估土地流转带来的影响、充分考虑农户的合作意愿或者企业的经营能力，可能会导致合同履行中出现问题，甚至农业项目对当地农业带来负面影响。再者，如果乡镇政府、村委会或村干部等行政力量不仅仅停留在中介位置上提供信息、参与谈判，而是作为利益相关者介入，容易在农村土地流转过程中忽视农户话语权和存在寻租行为，乃至直接与工商资本合谋以获得更多利益。行政力量介入市场，模糊了政府和市场的边界，有可能导致弱势农民可持续生计受到挑战，因此农户会采取不与工商资本合作的行为。另外，村委会提供支持与否并不影响农户的合作意愿，可能由于仅仅从意愿出发，农户并未细究村委会在自己与工商资本合作中发挥的作用。

通过农户合作行为和合作意愿的对比分析得出：64%农户选择与工商资本合作，78%农户希望与工商资本合作，有合作意愿的农户比例高于付诸行动的农户。大部分农户希望借助农业项目获得资金、技术和营销渠道，获得就业机会或者提高农业收入，对投资农业的工商资本有合作意愿。但是，合作意愿不一定能实现合作行为，两者的转化需要一定的条件（李爱喜，2012；王格玲、陆迁，2013)。只有当工商资本投资当地农业，且对特定农户发出合作邀约时，农户才能实现合作行为。另外，农户的合作行为还受外部条件的限制，例如工商资本和村委会等的支持。而农户的合作意愿更多地关注自身资源禀赋，不受工商资本特征和外部环境影响。

7.3.2 工商资本投资农业：农户的契约选择意愿及影响因素分析

从农户契约选择意愿影响因素的分析结果（表 7-4）来看，第一，人口特征对农户契约选择意愿的影响。户主受教育年限对农户契约选择意愿的系数是负向影响，且在 10%统计水平上显著。意味着，随着户主受教育年限增加，他们更希望与工商资本以合作共赢的契约模式发展农业。家庭中从事农业的劳动力数量，对农户选择商品契约的意愿呈负向影响，且在 10%的显著性水平上显著。表明，如果家庭中务农人数较多，那么农业是该家庭主要收入来源，他们希望能通过生产要素入股等形式与工商资本结成利益共同体，以获得更大的收益。第二，生产特征对农户契约选择意愿的影响。农业种植规模和农业收入比例对农户契约选择意愿没有影响。但是，如果农户进行了基础设施的专用性资产投资，如大棚、农具和农业机械等，他们更希望选择要素契约。当农户利用农业资产专用性投资来代替劳动力时，说明农户家庭农业劳动力短缺，或者非农收入足以弥补农业收入损失，因此，农户希望以出租土地等要素契约形式合作，减少或者不再从事农业生产。第三，工商资本特征对农户契约选择意愿的影响。与合作共赢契约模式相比较，如果工商资本提供技术、农资或者其他支持，那么农户则希望以商品契约或要素契约模式与工商资本合作。农户不选择合作共赢模式的原因，可能是由于工商资本提供支持的条件下，农户更希望获得生产自主权或者规避风险来获得稳定收入。第四，制度环境对农户契约选择意愿的影响。当地农村基础设施、村委会和合作社的支持与农户契约选择意愿并没有显著的相关性。

表 7-4　农户契约选择意愿影响因素的回归估计结果

变量类型	变量名	商品契约		要素契约	
		系数	*P* 值	系数	*P* 值
被解释变量	农户契约选择意愿				
农户人口特征	户主受教育年限	−1.76*	0.078	−1.67*	0.095
	家庭务农人数	−1.85*	0.064	−1.46	0.145

（续）

变量类型	变量名	商品契约		要素契约	
		系数	P 值	系数	P 值
农户生产特征	农业种植规模	0.55	0.581	0.02	0.982
	农业收入的比例	0.17	0.863	−0.92	0.358
	农户基础设施投资	0.65	0.513	1.44*	0.149
工商资本特征	是否对农户提供支持	2.03**	0.042	2.03**	0.042
制度环境	当地农村基础设施	0.87	0.386	−0.34	0.730
	村委会提供支持	−1.11	0.266	−0.40	0.691
	合作社提供支持	−1.41	0.160	−0.91	0.365
	样本量	158			
	准 R^2	0.110 5			
	LR 统计量	30.53			
	P 值	0.032 6			

注：回归估计结果是使用 Stata/Se14.0 软件计算，***、**、* 分别表示在 1%、5%、10%统计水平上显著。对照组为农户选择合作共赢契约模式的意愿。

7.4　进一步思考：农户关注的问题及其优先序

7.4.1　农户对工商资本投资农业的总体评价

农户调查问卷的内容包括了农户对工商资本投资农业的评价，请农户对工商资本在投资农业过程中，对农民就业和收入、农产品销售和农业发展、农村基础设施、农村治理等方面的影响作出评价（表 7－5）。

表 7－5　农户对工商资本投资农业的总体评价

单位：%

项　目	农户评价		
	不同意	部分同意	同意
促进农民就业	35（16.91）	84（40.58）	88（42.51）
提高农民收入	19（9.27）	81（39.51）	105（51.22）
提高当地农产品的市场知名度	51（24.76）	80（38.83）	75（36.41）
带动当地相关产业发展	8（3.9）	115（56.1）	82（40）
改善村里的基础设施	50（24.15）	101（48.79）	56（27.05）
占用农村资源	67（32.52）	105（50.97）	34（16.50）
干涉农村治理	106（51.71）	81（39.51）	18（8.78）

总体而言，可以将工商资本投资农业的影响归纳为三类，一是对农民个人的影响；二是对农业产业发展的影响；三是对农村建设和治理的影响。首先，考察工商资本对农民个人的影响，包括对农民就业和提高收入的影响。由于就业的范围很广，讨论前者没有很高的区分度；针对后者，较高比例的受访者（39.51%受访者部分同意；51.22%受访者同意）认为工商资本投资农业提高了农民收入。其次，考察工商资本对当地农业产业发展的影响，农民对工商资本能否提高当地农产品市场知名度的看法分散，没有集中度；然而对工商资本带动当地相关产业发展有较高的认可。究其原因，由于工商资本发展农业具有很强的产业融合特征，而且容易把农业生产扩展至农产品加工、农业休闲产业等工业和服务业，实现六次产业发展。最后，考察了工商资本对农村建设和治理的影响。对于是否改善农村基础设施，农民没有达成一致的观点。但是，农民对于工商资本占用农村资源和干涉农村治理的观点大多是不认同的。此结果表明农民看待工商资本并没有视其为洪水猛兽，对其评价反而是较高的。

表 7-6　农户期望工商资本发挥的作用

单位：次，%

农户期望工商资本发挥的作用	频次	比率
组织生产资料供应	91	20.22
组织农产品营销	147	32.67
组织农业生产经营	87	19.33
技术支持	110	24.44
土地流转	15	3.33
总计	450	100

表 7-6 对农户期望工商资本发挥的作用做了统计分析，发现，基于产业链视角，农户希望获得产前产后环节和技术支持。具体如下：①产后环节。大部分农民长期从事农业生产，对销售信息不了解，没有固定的销售渠道，因此大部分只能销售到产品的初级市场，获得较小的销售收益。然而，通过与工商资本访谈，了解到部分工商资本拥有非常发达的销售网络、专门的营销人员、现代营销理念和有效的营销方法，进入农业生产后，能快速地搭建农产品销售平台，利用原有的销售渠道，减少流通环节，增加利润。农民希望与工商资本合作，获得农产品营销方面的支持，包括销售平台、销售渠道和销售信息，降低其搜寻成本（包括搜寻价格信息和收购商信息等）。从农产品销售来看，农民的劣势恰恰是工商资本的优势，双方合作能实现共同发展。②产前环节。农户希望能通过工商资本组织生产资料供应，来降低生产成本和保证农资质量。

在"公司+农户"组织形式中，部分工商资本通过大批量采购农资的方式，以采购价格提供给农户，达到降低农户生产成本、保证农资安全、最终保证农产品质量的目的。③技术支持。农产品尤其是高附加值经济作物的生产，有更高的技术要求，因此，农户希望能通过与工商资本合作来获得技术支持。在实践中，工商资本经常通过培训、田间示范、专家指导等方式引导农户生产。

此外，农户并不支持工商资本对生产要素的整合，例如土地流转。

7.4.2　农户关注的问题及其优先序

在本研究预调研中，笔者了解了在工商资本投资农业的过程中农户关注的问题，包括工商资本是否改变土地用途、能否增加就业、能否提高收入、能否促进农业发展、能否改善村里的基础设施、是否占用农村资源和是否干涉农村治理七个问题。为了进一步厘清工商资本投资农业过程中农户的态度和想法，本研究将以上相关问题列入调研问卷中，请农户判断并对关注的问题进行排序。

（1）农户对工商资本投资农业相关问题的关注及优先序

从表7-7来看，农民在工商资本投资农业过程中，关注的问题优先序如下：能否提高收入＞能否增加就业＞土地用途是否改变＞是否占用村里资源＞能否改善村里基础设施＞能否促进农业发展＞是否干涉农村治理，关注的方面是由内而外、从经济到社会。能否提高收入和增加就业机会与自身利益息息相关，农民首先关注工商资本发展农业对自身的利益带来的影响。其次，农民关注经济环境和经济发展，由于农村基础设施建设和当地农业发展有利于带动农民收入水平的提高，农民逐渐将目光着眼于以上两个方面。最后，农民才关注农村长远发展的问题，关注工商资本对农村资源的利用和对农村社会治理的影响。

表7-7　农户对工商资本投资农业关注问题的优先序选择

单位：%

关注问题	土地用途是否改变	能否增加就业	能否提高收入	能否促进农业发展	能否改善村里的基础设施	是否占用村里资源	是否干涉农村治理	频次总计
第一关注	14	17	167	5	3	5	1	212
占比	6.60	8.02	78.77	2.36	1.42	2.36	0.47	
第二关注	20	96	26	21	16	15	2	196
占比	10.20	48.98	13.27	10.71	8.16	7.65	1.02	

（续）

关注问题	土地用途是否改变	能否增加就业	能否提高收入	能否促进农业发展	能否改善村里的基础设施	是否占用村里资源	是否干涉农村治理	频次总计
第三关注	40	42	12	36	34	18	5	187
占比	21.39	22.46	6.42	19.25	18.18	9.63	2.67	
第四关注	32	15	4	42	44	27	14	178
占比	17.98	8.43	2.25	23.60	24.72	15.17	7.87	
第五关注	31	10	0	27	39	30	29	166
占比	18.67	6.02	0	16.27	23.49	18.07	17.47	
第六关注	17	3	1	21	28	60	28	158
占比	10.76	1.90	0.63	13.29	17.72	37.97	17.72	
第七关注	13	1	0	31	13	17	78	153
占比	8.50	0.65	0	20.26	8.50	11.11	50.98	

（2）不同类型农户关注的问题及其优先序选择

前文从总体上考察了农户对工商资本发展农业过程中关注的问题，那么不同类型的农户关注的问题是否一样呢？本研究将农户分为与工商资本合作的农户、没有合作的农户，考察他们关注的问题。其中，农户与工商资本的合作关系，包括农户出租土地、到农场工作或者出售农产品给工商资本。调研问卷中有 78 户非合作农户和 139 户合作农户，所占比例分别为 35.94％和 64.06％。

本研究分别考察了不同类型农户关注问题的优先序选择，结果发现，合作农户关注问题的排序为：能否提高收入＞能否增加就业＞土地用途是否改变＞能否改善村里基础设施＞能否促进农业发展＞是否占用村里资源＞是否干涉农村治理；非合作农户的排序为：能否提高收入＞能否增加就业＞能否促进农业发展＞能否改善村里基础设施＞土地用途是否改变＞是否占用村里资源＞是否干涉农村治理。农户均最关注能否提高收入和能否增加就业，最后关注的问题均为是否占用村里资源和是否干涉农村治理，不同类型的农户区别在第三、四、五的关注问题：合作农户较为关注土地用途，接下来才是基础设施和农业发展；而非合作农户较为关注农业发展和基础设施，最后才是土地用途的改变。由于前者往往出租土地给工商资本，因此对土地用途较为关注；而后者与工商资本并无切身利益相关，因此较为关注农业发展和基础设施建设。

7.4.3　问题聚焦：农户对土地资源的关注

由于土地是农村非常稀缺和特殊的资源，不仅关系农业生产和农户生计，还关乎国家粮食安全乃至农业可持续发展，需要对土地资源相关问题进行深入分析。因此在本研究调研过程中，设置了多项考察农民出租土地对象的意愿和出租土地过程中涉及的问题。

首先，考察农民是否愿意将土地出租给企业，并与其他出租对象进行了对比。调查问卷中设置了一个问题“您最愿意把土地出租给谁”，对象包括亲朋好友、种植大户、家庭农场、企业和合作社，农户选择出租对象可以多选，并不限于一个。

表 7－8　农民希望出租土地的对象

单位：次，%

农民希望出租土地的对象	频次	占比
亲朋好友	63	28.125
种植大户	53	23.661
家庭农场	7	3.125
企业	81	36.161
合作社	20	8.929
总计	224	100

从表 7－8 可以看出，36.161%农户希望把土地出租给企业，然后是希望出租给亲朋好友和种植大户，接下来是合作社，最后才是家庭农场。

接着我们探讨为什么出租土地给企业，而且在流转土地的过程中，最关心的问题是什么？因此，调查问卷中设置了另一个问题“如果把土地出租给企业，您最关心的问题是什么”。

表 7－9　农民出租土地关注的问题

单位：次，%

农民关注的问题	频次	占比
土地使用用途的改变	29	14.010
土地复垦难度	22	10.628
土地租金涨幅	80	38.647

（续）

农民关注的问题	频次	占比
土地租金的收取	107	51.691
其他	5	2.415
总计	207	100

注：部分农民关注问题多元化，因此对关注问题的统计为频次。

表 7-9 的结果显示，农民如果出租土地给企业，最关心的问题是土地租金的收取，而且比例高达 51.691%；第二是土地租金的涨幅；第三是土地使用用途的改变；第四是土地复垦难度。农民基于自身的局限性，仍然着眼于短期利益，关注租金的收取和涨幅，虽然对土地使用用途的改变有所警惕，但是仍不够重视。因此，在工商资本流转农村土地的过程中，仍然需要政府部门对土地使用用途进行有效的监管。

7.5 本章小结

本章基于 218 户调研农户，构建工商资本投资农业过程中农户的合作响应的理论模型，建立 Binary Logit Model 和 Multinomial Logit Model 模型，实证分析了农户对工商资本投资农业的合作行为、合作意愿以及契约选择意愿，并分析他们的影响因素。

研究发现：①工商资本投资农业进程中，农户的合作意愿高于合作行为，即农户主观上存在较高的合作意愿，但限于农户的生产特征等客观因素，不能实现与工商资本合作。对于总体调研样本农户而言，77.88%农户表示愿意与工商资本合作，22.12%农户表示不愿意与工商资本合作。但是，只有 64%的样本农户与工商资本形成合作关系。②农户的合作行为受自身生产特征、合作对象特征和外部环境的影响。具体而言，农户的种植规模越大、投资了农业设施，工商资本提供支持，或当农产品市场价格波动时，农户倾向于与工商资本合作；而当工商资本发生了不按合同履约的行为或者当地村委会干涉时，农户不与工商资本合作。③农户的合作意愿受人口特征、生产特征和合作对象特征的影响，外部环境的影响不显著。农户投资了农业设施，形成了资产专用性投资，较希望与工商资本合作；农户家庭劳动力越多、工商资本发生过不按合同履约行为或者干涉农村管理事务时，农户越不希望与工商资本合作。④从农户契约选择意愿的影响因素来看，农户期望与工商资本合作的契约模式选择与农户人口特征、生产特征和工商资本特征相关，与制度环境没有显著的相关关系。农户的资产专用性投资越大，越希望与工商资本以要素契约模式合作；如果工商资本提供支持，农户希望以要素契约或者商品契约的模式，而不是入股的方式合作；随着户主受教育年限的增加，农户希望以合作共赢的方式与工商资本合作。⑤面对工商资本投资农业，农户的关注点是由内而外、从经济到社会。首先，关注工商资本能否提高收入和增加就业机会；其次，关注经济环境和经济发展；最后，才是农村长远发展的问题。⑥在土地资源问题上，农民基于自身的局限性，着眼于短期利益，关注租金的收取和涨幅，虽然对土地使用用途的改变有所警惕，但是仍不够重视。

第8章　结论与展望

8.1　主要研究结论

近十年来，针对发展现代农业资金不足的问题，中央提出鼓励社会力量投向“三农”，形成多元投资和发展“三农”的格局。社会力量尤其是工商资本将资金、管理、技术、知识等现代生产要素以资本为载体进入农业和农村，与土地结合，有助于将传统的低效农业改造为现代高效农业。自2013年中央1号文件首次提出“鼓励和引导工商资本到农村发展适合企业化经营的种养业”以来，中央文件多次强调鼓励工商资本“向农业输入现代生产要素和经营模式”。

实践中，工商资本投资农业已经成为普遍现象（郭亮，2011；周飞舟、王绍琛，2015）。工商资本的进入，引起农业生产要素的重新配置，进而引起农业生产组织形式的变革，为现代农业发展带来更加深远的影响。在这个过程中，工商资本必然与农户发生各种联结，其中包括生产要素和产品的交易关系，而每一项交易背后都有相应的契约支持。厘清现象背后的契约关系，可以研究工商资本投资农业的内在机理，进而判断工商资本投资农业带来的影响。由此，本书以契约理论、产权理论、交易费用经济学和农户行为学等相关知识为理论框架，对工商资本投资农业的调研和采集数据进行实证分析。研究结果表明：

（1）工商资本投资农业的成效与风险并存

基于云南、广东和湖北的调研情况来看，工商资本投资农业是普遍现象，政策利好、资源吸引、农产品价格上涨、二、三产业资金寻找出路、企业多元化发展战略是投资的动机，工商资本投资农业选择农业产业区、经济作物以及高附加值农产品。但工商资本投资农业也存在一些制约因素，如农业风险高、土地资源制约、劳动力难以满足需求、金融和政策保险发展滞后以及农业基础设施与相关投资平台不完善。工商资本投资农业的成效和风险共存，工商资本可以推动农业转型升级、有利于农民收入提高、发挥农业多功能性和促进六次产业发展，但是也存在问题，如投资的盲目性、非粮化倾向、流转土地存在潜在风险、没有充分发挥农民的收入带动作用以及对乡村治理带来冲击。

（2）工商资本投资农业商品契约和要素契约两种契约模式并存，两种模式的具体形式及影响存在差异

工商资本投资农业契约模式分为商品契约和要素契约，前者的具体组织形式为“公司＋农户”形式，“公司＋合作社＋农户”是其主要衍生形式；后者的具体组织形式为“公司＋农场”形式，“公司＋农场＋外包”是其主要形式。目前，工商资本与农户联结以要素契约为主，以商品契约作为补充。工商资本投资农业的契约模式不同，对农业农村农民的影响不同。商品契约下，工商资本起带动农户发展作用，嵌入合作社时，更有利于提高农户组织化程度和谈判力；要素契约下，涉及土地流转和使用用途改变问题，在发展农业的同时也有可能会对农户造成危害。

（3）工商资本投资农业的契约选择受多种因素影响

影响工商资本投资农业的契约因素分为五大类：交易特性、农产品质量、企业资源禀赋、市场风险和交易环境。资产专用性投资越大、农产品质量要求越高、投资规模越大、项目地的自来水和网络基础设施越完善，工商资本越倾向于选择要素契约；拥有越多技术优势，工商资本越倾向于选择商品契约；农业补贴政策和市场价格波动与工商资本契约选择并没有显著相关性。

（4）农户与工商资本的合作意愿和合作行为不一致，受农户人口特征、生产特征、工商资本特征和外部环境影响

农户的合作意愿高于合作行为，即农户主观上存在较高的合作意愿，但限于农户的生产特征等客观因素，不能实现与工商资本合作。农户的合作行为和合作意愿受不同因素影响，农户的合作行为受自身生产特征、合作对象特征和外部环境的影响；农户的合作意愿受人口特征、生产特征和合作对象特征的影响，外部环境的影响不显著。另外，面对工商资本投资农业，农户的关注点是由内而外、从经济到社会。首先，关注工商资本能否提高收入和增加就业机会；其次，关注经济环境和经济发展；最后，才是农村长远发展的问题。在土地资源问题上，农民基于自身的局限性，着眼于短期利益，关注租金的收取和涨幅，虽然对土地使用用途的改变有所警惕，但是仍不够重视。

8.2　政策建议

基于本书的理论和实证研究分析及研究结论，本研究提出如下几点政策建议：

（1）利用产业规划和布局引导工商资本投资，根据产业施策

针对工商资本投资农业一哄而上，具有盲目性的现状，应利用产业规划和布局引导工商资本投资。按照全国主体功能区划和农业优势产业布局，把工商资本投资农业同农业产业发展规划和各类现代农业园区建设结合起来，以便工商资本在投资农业领域时能够“按图索骥”，找准产业定位和空间布局，避免企业投资的盲目性和趋同性。

结合工商资本目前投资方向和农业具体产业差异化发展情况，应对不同投资领域的工商资本采取差别化政策措施，明确鼓励引导、限制工商资本进入的具体领域。鼓励引导工商资本投资商业性研发和生产销售、设施农业、畜水产品标准化规模化养殖、全程农业机械化服务、农产品检测、加工、储藏、物流、销售等行业，重点包括适合企业化经营的种养殖业、农产品精深加工业以及良种服务、农资连锁经营、农产品现代物流、新型农技服务、农机跨区作业、农业信息服务等领域；对于具有高污染、高消耗特点的行业以及高毒高残留农药制售、高污染的超大规模禽畜养殖、粮食转化乙醇、食用植物油料转化生物燃料、珍贵濒危野生动植物加工、湖泊和水库投饵网箱养殖等行业，则要严格限制或禁止。对于面向高消费人群的高端农副产品的种植、养殖和加工业，以及都市型休闲农业，要严格监管。

（2）引导工商资本投资农业契约模式选择，并充分发挥合作社的作用

重视工商资本投资农业契约模式的差异性。在扶持和发展农业的支持政策上，政府可以把契约模式作为支持工商资本与否的一个重要指标，根据不同的契约模式采取不同的政策。引导其以商品契约为主，以要素契约为辅，并发挥合作社的作用。但是在有示范带动作用和高技术的产业中，可以以要素契约作为主要联结模式。另外，应加强农民专业合作组织等中介组织的作用。具体地，通过组建农民合作组织，将原有的“公司＋农户”组织形式，或简单的市场一次性交易模式内化于合作社之中，或充分发挥合作社的中介作用，形成“公司＋中介组织＋农户”组织形式。

（3）强化农地用途管制制度

2014 年 11 月，国务院出台《关于引导农村土地经营权有序流转发展农业适度规模经营的意见》。《意见》指出：“坚持最严格的耕地保护制度，切实保护基本农田。严禁借土地流转之名违规搞非农建设。严禁在流转农地上建设或变相建设旅游度假村、高尔夫球场、别墅、私人会所等。严禁占用基本农田挖塘栽树及其他毁坏种植条件的行为。”政府强化农地用途管制可从以下方面着手：一是对打着粮食种植的幌子进行非农化开发的投机型企业，以及以套取国

家农业政策性补贴，可能造成农地抛荒撂荒的企业应加强监管，严格执法。根据工商资本规模与经营类别，合理确定用地范围，明确建设周期，避免“圈地”“圈而不建”行为。二是对规模流转土地特别是面积达到一定规模（如 500 亩）以上的土地使用要严格审批。三是强化土地利用生命周期管理，加强项目在土地使用期限内全过程动态管理，将项目建设、运行质量与综合效益等相关要素纳入土地流转合同管理，坚决纠正改变土地农业用途的违规行为，避免“非粮化”、杜绝“非农化”等现象。四是严格保护耕地，防止掠夺性经营。地方政府应加强监督，以防止工商资本投资农业过程中为了短期利益而进行的掠夺性经营，如过量使用化肥、农药，造成土地肥力的下降。五是探索建立租赁农地风险保障金制度，防范因经营流转规模过大导致的各种风险。可借鉴浙江省嘉兴市等地的做法，土地流转风险补助资金由市镇两级财政按上年新增土地流转面积，每亩以一定标准提取；风险保障金可以由市镇（街道）两级财政土地流转风险补助资金、村土地流转风险准备金和业主土地流转保证金组成。

（4）建立全流程动态监管体系

重点采取以下几项措施：一是建立工商资本投资农业准入制度，对企业从事农业生产要求具备的生产经营能力和履约能力进行审核，实现前期约束和事前控制，把好“准入关”；二是建立健全制度化、规范化、程序化的监控机制，对工商资本投资农业的实施情况进行全程监控，跟踪企业对农业经营项目的投资进度，避免企业弄虚作假或在中途变更经营范围与经营模式；三是建立规范化退出机制，在工商资本退出上，构建完善的土地重新评估及分配机制，实现利益相关方的利益协调。

（5）发挥工商资本带动农户增收作用，建立利益分享机制

工商资本投资农业具有很强的外部性，对农户生产和生活方式、就业机会和收入增长带来巨大的影响。当前农户急需外来力量带动发展致富，普遍存在与外来资本合作的愿望，应发挥工商资本带动农户发展的积极作用。此外，鼓励和支持工商资本和农户建立长期的合作关系，让农户分享土地增值和农业增长带来的收益。鼓励农户以土地入股，密切利益联结机制，通过土地资本分享工商资本发展农业的红利。

（6）提升农民话语权、重视对小农的扶持，提高农民组织化程度

引导工商资本投资农业过程中，要重视农民的主体性地位、发挥农民振兴乡村的积极性和主动性。政府要发挥市场经济的资源配置作用，充分考虑项目地农户的发展意愿和相关利益，引导工商资本投资农业的同时要提高农民话

语权。

工商资本的投资行为对异质农户的影响具有差异性。种植规模越大和资产专用性投资越高的农户，越容易与工商资本达成合作行为。工商资本进入农业过程中，容易加大小农户和大农户之间的收入差距。因此，政府应重视对小农户的带动作用，针对小农户进行大力的支持。通过建立合作社等中介组织，提高农民组织化程度，更容易实现与工商资本的合作，并且可以提高农民的地位，使他们在博弈过程中维护好自己的利益。

（7）警惕基层政府的不当介入，限制其不利影响

在工商资本投资农业的过程中，农户行为受制于自身的主观认识能力、自身所处的环境和信息的不完全，其理性是有限的。因此，要加强政府的政策指导和服务支持，引导农民处理长期利益和短期利益的关系。地方政府在工商资本进入农业过程中是重要的推动力量。但是，地方政府在传统"招商引资"思想的引导下，有极强吸引投资的冲动，在工商资本进入农业过程中更容易模糊自身与市场的边界，出现寻租行为，使农户利益难以得到保障。应发挥基层政府对农户行为的积极作用，并限制其不利影响。

8.3 不足之处与展望

受笔者研究能力和精力的限制，本研究还存在很多不足与欠缺。主要表现在以下方面：

（1）受统计数据限制

至目前为止，统计部门并没有关于工商资本进入农业的统计数据，因此资料非常有限。笔者联系了广东省农业厅、部分地市农业局，均表示对此问题非常关注，但是由于收集数据需要统计人员的主观辨别和投入大量的人力物力，加上该部门精力有限，没有系统收集数据。资料和数据只能通过笔者进行实地访谈和收集，使本研究只能立足于有限的资料和数据。

（2）受调研数据限制

实地访谈尤其是对企业的问卷调查，需要当地政府部门的协助和沟通，并由当地熟悉企业的机关干部陪同前往。本研究所用的调查数据，不是采取严格的科学抽样获得的，其代表性存在一定的问题。

（3）受研究角度限制

从 2006 年开始，Hart 及其合作者 Moor、Holmstrom 等人在研究中引入了行为分析和实验方法，从行为经济学视角考察契约关系，提出了参照点契约

理论（Conract as a Reference Point）。研究突破了包括 Hart 在内的前人关于不完全契约理论的研究思路，重新阐释了契约的功能和不完全契约的基础，是不完全契约理论研究方法论的重要进步（杨宏力，2012）。尤其是将契约视为一个权力感受的参照点，可以比较企业内部生产和业务外包的效率。Hart 分析认为，当能够签订关于商品性质的详细契约时，业务外包是有效率的，因为买者对生产方法的选择很不敏感；当难以签订详细的契约并且买者对产品细节极为敏感时，在企业内部生产是最优的（Fehr et al.，2011；Hart and Moore，2008）。以上观点有助于解释农业契约中内部生产和外包的效率问题，笔者关注了不完全契约理论的最新进展，但是由于精力有限，未能应用到本研究中。

总而言之，本研究还存在许多缺陷和不足之处，尤其是追踪和结合不完全契约理论最新进展进行研究，是笔者后续研究需要改进和努力的主要方向和重要内容。

参 考 文 献

毕宝德，1997. 我国农业投资的现状、问题与对策［J］. 农业经济问题（01）：54-57.
蔡荣，2011. 交易特征、关系信任与农业企业契约选择［J］. 当代经济管理（08）：32-38.
蔡荣，蔡书凯，2013. “公司＋农户”模式：风险转移制度与农户契约选择［J］. 南京农业大学学报（社会科学版）（02）：19-25.
曾进，2009. 企业风险倾向的跨国比较——基于前景理论视角［J］. 科学学与科学技术管理（05）：151-157.
陈劲松，2012. 2011年中国农村经济形势分析与2012年展望［J］. 中国农村经济（02）：4-11.
陈靖，2013. 进入与退出：“资本下乡”为何逃离种植环节——基于皖北黄村的考察［J］. 华中农业大学学报（社会科学版）（02）：31-37.
陈铭恩，温思美，2004. 广东省财政农业投资现状、成效及问题［J］. 华中农业大学学报（社会科学版）（02）：1-5.
陈强，2014. 高级计量经济学及Stata应用（第二版）［M］. 北京：高等教育出版社.
陈晓燕，董江爱，2019. 资本下乡中农民权益保障机制研究——基于一个典型案例的调查与思考［J］. 农业经济问题（05）：65-72.
程克群，陆彦，2011. 农业企业化经营中的交易成本和规模经济［J］. 天津大学学报（社会科学版）（02）：125-128.
丹尼斯·卡尔顿，杰弗里·佩罗夫，1998. 现代产业组织（上册）［M］. 上海：三联书店.
邓宏图，王巍，2015. 农业合约选择：一个比较制度分析［J］. 经济学动态（07）：25-34.
丁芬，2013. 服务外包的交易费用经济学及其对中国的启示［D］. 南昌：江西财经大学.
丁建军，吴学兵，余海鹏，2021. 资本下乡：村庄再造与共同体瓦解——湖北荆门W村调查［J］. 地方财政研究（02）：98-105.
丁学东，2002. 加强政策引导，鼓励工商资本进入农业产业化领域［J］. 经济研究参考（84）：2-6.
邓宏图，赵燕，杨芸，2020. 从合作社转向合作联社：市场扩展下龙头企业和农户契约选择的经济逻辑——以山西省太谷县某龙头企业和土地合作社为例［J］. 管理世界（09）：111-128.

杜涛，孟瑶，滕永忠，等，2020. 乡村振兴战略下工商资本进入农业的偏好、意愿及诉求［J］. 农业经济（03）：6-8.
杜为公，2016. 西方农业经济学理论与方法的新进展［M］. 北京：中国人民大学出版社.
菲吕博顿，孙经纬，1996. 新制度经济学［M］. 上海：上海财经大学出版社.
费孝通，2006. 江村经济［M］. 上海：上海人民出版社.
冯华超，钟涨宝，2017. 精准扶贫中农民争当贫困户的行为及其阐释——基于武汉近郊Q村的实地调查［J］. 中国农业大学学报（社会科学版）（02）：78-87.
冯小，2014. 农民专业合作社制度异化的乡土逻辑——以“合作社包装下乡资本”为例［J］. 中国农村观察（02）：2-8.
高杰，2013. 基于不完全契约理论的农业准一体化经营组织分析［J］. 经济问题探索（01）：123-127.
龚强，张懿，2011. 企业的最优产品差异化选择［J］. 经济学（季刊）（02）：619-634.
谷小勇，张德元，2013. 农地向企业大规模流转的隐忧及政策矫正建议［J］. 中国土地科学（12）：7-11.
关锐捷，1997. 大中型工商企业推进农业产业化经营的实践与思考［J］. 战略与管理（04）：96-102.
郭红东，2005. 农业龙头企业与农户订单安排及履约机制研究——基于企业与农户行为的分析［D］. 杭州：浙江大学.
郭亮，2011. 资本下乡与山林流转——来自湖北S镇的经验［J］. 社会（03）：114-137.
郭庆海，2014. 土地适度规模经营尺度：效率抑或收入［J］. 农业经济问题（07）：6-12.
郭晓鸣，廖祖君，付娆，2007. 龙头企业带动型、中介组织联动型和合作社一体化三种农业产业化模式的比较——基于制度经济学视角的分析［J］. 中国农村经济（04）：40-47.
亨利·汉斯曼，2001. 企业所有权论［M］. 北京：中国政法大学出版社.
何秀荣，2009. 公司农场：中国农业微观组织的未来选择？［J］. 中国农村经济（11）：4-16.
贺军伟，2013. 工商资本进入农业领域必须切实维护农民权益［J］. 农村工作通讯（15）：44.
贺军伟，王忠海，张锦林，2013. 工商资本进入农业要“引”更要“导”——关于工商资本进农业的思考和建议［J］. 农村经营管理（07）：14-17.
贺雪峰，2009. 为什么要维持小农生产结构［J］. 贵州社会科学（09）：4-9.
贺雪峰，2014. 工商资本下乡的隐患分析［J］. 中国乡村发现（03）：125-131.
侯江华，2015. 资本下乡：农民的视角——基于全国214个村3203位农户的调查［J］. 华中农业大学学报（社会科学版）（01）：81-87.
侯江华，郝亚光，2015. 资本下乡：农民需求意愿的假设证伪与模型建构——基于全国214个村3183个农户的实证调查［J］. 农村经济（03）：64-68.

胡浩志，吴梦娇，2013. 资产专用性的度量研究［J］. 中南财经政法大学学报（01）：38-46.
胡新艳，沈中旭，2009. “公司＋农户”型农业产业化组织模式契约治理的个案研究［J］. 经济纵横（12）：83-86.
胡志全，朱殿霄，侯丽薇，等，2016. 实现我国工业化与农业现代化协调发展的探讨——基于生产三要素的比较［J］. 农业经济问题（07）：74-81.
黄志宏，2006. “鸿源米业”：值得推广的“公司＋协会＋基地＋农户”模式［J］. 中国农村经济（06）：24-31.
黄宗智，2012. 小农户与大商业资本的不平等交易：中国现代农业的特色［J］. 开放时代（03）：88-99.
黄宗智，2014. “家庭农场”是中国农业的发展出路吗？［J］. 开放时代（02）：176-194.
黄祖辉，王祖锁，2002. 从不完全合约看农业产业化经营的组织方式［J］. 农业经济问题（03）：28-31.
黄祖辉，张静，Kevin Chen，2008. 交易费用与农户契约选择——来自浙冀两省15县30个村梨农调查的经验证据［J］. 管理世界（09）：76-81.
贾晋，艾进，王珏，2009. 工商业资本进入农业的路径选择：一个分析框架［J］. 经济问题探索（12）：164-168.
姜长云，张立冬，2014. 美国公司农场的发展及启示［J］. 世界农业（04）：29-32.
蒋士成，费方域，2008. 从事前效率问题到事后效率问题——不完全合同理论的几类经典模型比较［J］. 经济研究（08）：145-156.
蒋永穆，鲜荣生，张尊帅，2015. 工商资本投资农业的现状、问题及对策建议——一个基于四川省省际调研的样本分析［J］. 农村经济（04）：79-83.
蒋云贵，2013. 基于渠道权力平衡的工商资本下乡路径研究——兼论渠道主体违约风险防范［J］. 江汉论坛（07）：104-108.
蒋云贵，2014. 工商资本投资农产品加工项目的风险评级研究［J］. 江汉论坛（04）：24-28.
焦长权，周飞舟，2016. “资本下乡”与村庄的再造［J］. 中国社会科学（01）：100-116.
李爱喜，2012. 农户金融合作行为的影响因素研究［J］. 农业技术经济（11）：19-28.
李昌平，2009. 扩大农民地权及其制度建设［J］. 中国图书评论（01）：12-19.
李谷成，李崇光，2012. 十字路口的农户家庭经营何去何从［J］. 经济学家（01）：55-63.
李世杰，朱雪兰，洪潇伟，等，2013. 农户认知、农药补贴与农户安全农产品生产用药意愿——基于对海南省冬季瓜菜种植农户的问卷调查［J］. 中国农村观察（05）：55-69.
李世杰，刘琼，高健，2018. 关系嵌入、利益联盟与“公司＋农户”的组织制度变迁——基于海源公司的案例分析［J］. 中国农村经济（02）：33-48.
李清明，睢党臣，2020. 乡村振兴战略下“公司＋农户”模式的风险及化解［J］. 云南行政学院学报，22（01）：157－163.
李瑶，王梦楠，2007. 差异化产品理论及其对我国贸易的借鉴［J］. 今日湖北（理论版）（04）：25－26.
李云新，黄科，2018. 资本下乡过程中农户福利变化测度研究——基于阿玛蒂亚·森的可行能力分析框架［J］. 当代经济管理，40（7）：40－47.
廖祖君，郭晓鸣，2015. 中国农业经营组织体系演变的逻辑与方向：一个产业链整合的分析框架［J］. 中国农村经济（02）：13－21.
林坚，马彦丽，2006. 农业合作社和投资者所有企业的边界——基于交易费用和组织成本角度的分析［J］. 农业经济问题（03）：16－20.
刘凤芹，2003. 不完全合约与履约障碍——以订单农业为例［J］. 经济研究（04）：22－30.
刘贵富，2006. 产业链基本理论研究［D］. 长春：吉林大学.
刘珉，2011. 集体林权制度改革：农户种植意愿研究——基于 Elinor Ostrom 的 IAD 延伸模型［J］. 管理世界（05）：93－98.
刘平青，2004. 对民间资本投资农业的评析与思考［J］. 中国农村经济（10）：46－55.
刘魏，张应良，李国珍，等，2018. 工商资本下乡、要素配置与农业生产效率［J］. 农业技术经济（09）：4－19.
刘洁，2011. 农民专业合作社契约选择与运营绩效的理论分析与实证研究［D］. 武汉：华中农业大学.
刘同山，2016. 资产化与直接处置：农民宅基地退出意愿研究［J］. 经济经纬（06）：42－47.
陆倩，孙剑，2014. 农户关于转基因作物的认知对种植意愿的影响研究［J］. 中国农业大学学报（03）：34－42.
罗必良，吴晨，刘成香，2007. 两种不同农业产业化经营组织形式的选择逻辑——基于交易费用的视角［J］. 新疆农垦经济（03）：33－37.
罗剑朝，1995. 经济发展过程中农业投资变动的国际趋势和经验［J］. 农业经济问题（10）：60－63.
吕亚荣，王春超，2012. 工商业资本进入农业与农村的土地流转问题研究［J］. 华中师范大学学报（人文社会科学版）（04）：62－68.
马华，王松磊，2016. 我国城乡一体化背景下的公司下乡与乡村治理［J］. 农业经济问题（04）：16－22.
马九杰，2013. “资本下乡”需要政策引导与准入监管［J］. 中国党政干部论坛（03）：31.
马九杰，朱勇，2004. 农业及涉农产业直接投资的决定因素与政策效应——基于企业调查的描述性分析［J］. 中国农村观察（03）：21－34.
孟枫平，尹云松，2004. 公司与农户间商品契约稳定性问题的进一步探讨［J］. 财贸研究（06）：23－26.

聂辉华，2004. 交易费用经济学：过去、现在和未来——兼评威廉姆森《资本主义经济制度》[J]. 管理世界（12）：146-153.
聂辉华，2005. 新制度经济学中不完全契约理论的分歧与融合——以威廉姆森和哈特为代表的两种进路［J］. 中国人民大学学报（01）：81-87.
聂辉华，2009. 声誉、契约与组织［M］. 北京：中国人民大学出版社.
聂辉华，2011. 不完全契约理论的转变［J］. 教学与研究（01）：71-78.
聂辉华，2013. 最优农业契约与中国农业产业化模式［J］. 经济学（季刊）（01）：313-330.
秦愚，2014. 组织成本视角下的农业合作社基本制度分析［J］. 农业经济问题（08）：45-56.
任晓娜，孟庆国，2015. 工商资本进入农村土地市场的机制和问题研究——安徽省大岗村土地流转模式的调查［J］. 河南大学学报（社会科学版）（05）：53-60.
生秀东，2001. 劣市场、准市场与农业产业化——“公司＋农户”运行机制探析［J］. 农业技术经济（06）：53-57.
时雅杰，蒲应，2015. 工商资本与农村生产要素结合模式的国际借鉴研究［J］. 北京农学院学报（04）：128-132.
孙天琦，魏建，2000. 农业产业化过程中“市场、准企业（准市场）和企业”的比较研究——从农业产业组织演进视角的分析［J］. 中国农村观察（02）：49-54.
孙艳华，应瑞瑶，刘湘辉，2010. 农户垂直协作的意愿选择及其影响因素分析——基于江苏省肉鸡行业的调查数据［J］. 农业技术经济（04）：114-119.
田露，张越杰，2010. 肉牛产业链组织模式选择及其影响因素分析——基于河南等 14 个省份 341 个养殖户（场）的调查［J］. 中国农村经济（05）：56-64.
田鹏，陈绍军，2016. “公司＋合作社＋农户”模式运作机制分析——基于新经济社会学的视角［J］. 农业经济（06）：15-17.
涂圣伟，2019. 工商资本参与乡村振兴的利益联结机制建设研究［J］. 经济纵横（03）：23-30.
汤吉军，戚振宇，李新光，2019. 农业产业化组织模式的动态演化分析——兼论农业产业化联合体产生的必然性［J］. 农村经济（01）：52-59.
仝志辉，温铁军，2009. 资本和部门下乡与小农户经济的组织化道路——兼对专业合作社道路提出质疑［J］. 开放时代（04）：5-26.
万俊毅，2008. 准纵向一体化、关系治理与合约履行——以农业产业化经营的温氏模式为例［J］. 管理世界（12）：93-102，187，188.
万俊毅，2014. “公司＋农户”模式［M］. 北京：中国农业出版社.
万俊毅，欧晓明，2010. 产业链整合、专用性投资与合作剩余分配：来自温氏模式的例证［J］. 中国农村经济（05）：28-42.
万俊毅，彭斯曼，2009. 企业与市场的联盟组织机制：文献综述及其引申［J］. 改革

（09）：99－104.

王海杰，2006. 经济组织选择与绩效分析［J］. 工业技术经济（07）：88－91.

王宏州，黄季焜，2016. 农民的风险和共担风险偏好研究［J］. 农业经济问题（11）：86－94.

王格玲，陆迁，2013. 意愿与行为的悖离：农村社区小型水利设施农户合作意愿及合作行为的影响因素分析［J］. 华中科技大学学报（社会科学版）（03）：68－75.

王海娟，2020. 资本下乡与乡村振兴的路径——农民组织化视角［J］. 贵州社会科学（06）：163－168.

王亚飞，黄勇，唐爽，2014. 龙头企业与农户订单履约效率及其动因探寻——来自91家农业企业的调查资料［J］. 农业经济问题（11）：16－25.

王亚静，2007. 中国契约农业交易行为的理论分析与实证研究［D］. 武汉：华中农业大学.

王玉斌，华静，2016. 信息传递对农户转基因作物种植意愿的影响［J］. 中国农村经济（06）：71－80.

王艺潼，周应恒，张宇青，2016. 工商资本进入种植环节促进参与农户增收的机理分析［J］. 改革与战略（05）：92－95.

温铁军，冯开文，1999. 谨防重蹈旧中国农村破产的覆辙——从工商、金融资本对农村的过量剥夺谈起［J］. 战略与管理（01）：105－117.

温涛，王小华，杨丹，等，2015. 新形势下农户参与合作经济组织的行为特征、利益机制及决策效果［J］. 管理世界（07）：82－97.

翁贞林，2008. 农户理论与应用研究进展与述评［J］. 农业经济问题（08）：93－100.

吴比，刘俊杰，徐雪高，等，2016. 农户组织化对农民技术采用的影响研究——基于11省1022个农户调查数据的实证分析［J］. 农业技术经济（08）：25－33.

吴存玉，梁栋，2019. 农业现代化的经营主体之辨——基于公司性农场与家庭农场的比较［J］. 中南民族大学学报（人文社会科学版），39（04）：155－159.

吴德胜，2008. 农业产业化中的契约演进——从分包制到反租倒包［J］. 农业经济问题，29（2）：28－34.

吴曼，赵帮宏，宗义湘，2020. 农业公司与农户契约形式选择行为机制研究——基于水生蔬菜产业的多案例分析［J］. 农业经济问题（12）：74－86.

吴萌，甘臣林，任立，等，2016. 分布式认知理论框架下农户土地转出意愿影响因素研究——基于SEM模型的武汉城市圈典型地区实证分析［J］. 中国人口·资源与环境（09）：62－71.

吴秀敏，林坚，2004. 农业产业化经营中契约形式的选择：要素契约还是商品契约——一种基于G—H—M模型的思考［J］. 浙江大学学报（人文社会科学版）（05）：14－20.

熊启泉，邓家琼，1996. 从投入主体的角度看我国农业投入不足的症结［J］. 中国农村经济（10）：27－30.

徐斌，2009. 纵向交易模式选择的经济分析——对中国煤—电过度整合现象的一种解释［D］. 大连：东北财经大学.
许芳，陈蕤，2020. “公司＋农户”供应链心理契约维系的公平中介作用［J］. 中南民族大学学报（人文社会科学版），40（03）：152-160.
徐勇，2002. 庄园经济——资本农业的结晶［J］. 学习与实践（07）：15-16.
徐忠爱，2005. 现代契约经济学的企业边界决定理论：比较和评述［J］. 广东商学院学报（05）：78-83.
徐忠爱，2008. 社会资本嵌入：公司和农户间契约稳定性的制度保障［J］. 财贸经济（07）：120-127.
徐宗阳，2016. 资本下乡的社会基础——基于华北地区一个公司型农场的经验研究［J］. 社会学研究（05）：63-87.
徐宗阳，2019. 资本下乡的农业经营实践——一个公司型农场内部的关系与风气［J］. 南京农业大学学报（社会科学版），19（06）：49-60.
薛亮，2008. 从农业规模经营看中国特色农业现代化道路［J］. 农业经济问题（06）：4-9.
薛艳，郭淑静，徐志刚，2014. 经济效益、风险态度与农户转基因作物种植意愿——对中国五省 723 户农户的实地调查［J］. 南京农业大学学报（社会科学版）（04）：25-31.
谢天成，刘盾，施祖麟，2015. 工商资本投资农业问题与对策研究——基于对嘉兴、开封两市的调研［J］. 当代经济管理，37（08）：30-34.
杨华，2016. 论中国特色社会主义小农经济［J］. 农业经济问题，37（07）：60-73.
杨宏力，2012. 不完全契约理论前沿进展［J］. 经济学动态（01）：96-103.
杨宏力，2012. 本杰明·克莱因不完全契约理论述评［D］. 济南：山东大学.
杨雪锋，2017. 资本下乡：为农增利还是与农争利？——基于浙江嵊州 S 村调查［J］. 公共行政评论（02）：67-84.
杨磊，2019. 工商资本下乡的多维效应及其发生根源探析——基于湖北省 Y 县的经验调查［J］. 华中农业大学学报（社会科学版）（06）：106-113.
尹云松，高玉喜，糜仲春，2003. 公司与农户间商品契约的类型及其稳定性考察——对 5 家农业产业化龙头企业的个案分析［J］. 中国农村经济（08）：63-67.
于克信，张雯，2009. 论企业能力边界与外包策略［J］. 管理世界（11）：182-183.
于霞，2004. 我国企业市场风险预警管理研究［D］. 天津：天津财经学院.
俞振宁，吴次芳，沈孝强，2017. 基于 IAD 延伸决策模型的农户耕地休养意愿研究［J］. 自然资源学报（02）：198-209.
岳贤婷，2012. 企业组织成本控制方法探讨［D］. 南昌：江西财经大学.
岳佳，蔡颖萍，吴伟光，2021. 契约农业对家庭农场采纳环境友好型技术的影响［J］. 浙江农林大学学报（05）：1-7.
张新光，2008. 资本农业引领中国农业现代化走向光明前景——马克思主义经典作家关于

"小农制趋于衰亡"的回顾性阐释［J］．财经理论与实践（02）：7-11.
张学军，2005. 基于交易成本分析的跨国公司边界与规模优化研究［D］．长沙：中南大学.
张学鹏，2011. 中国农业产业化组织模式研究［M］．北京：中国社会科学出版社.
张亚平，郑洵，2011. 警惕工商资本涉农同时"挤出"农民［J］．江苏农村经济（05）：70-71.
张尊帅，2013. 工商资本投资农业的风险及其防范［J］．现代经济探讨（08）：33-37.
张红宇，禤燕庆，王斯烈，2014. 如何发挥工商资本引领现代农业的示范作用——关于联想佳沃带动猕猴桃产业化经营的调研与思考［J］．农业经济问题（11）：4-9.
张五常，2000. 经济解释：张五常经济论文选［M］．北京：商务印书馆.
赵翠萍，2009. 农户参与粮食订单影响因素的实证分析——以河南省小麦订单为例［J］．农业经济问题（10）：72-79.
赵慧峰，李彤，2002. 国外农业产业化经营组织模式分析［J］．农业经济问题（02）：60-63.
赵俊臣，2009. 资本下乡不能巧取豪夺农民土地［J］．农村工作通讯（03）：32-35.
赵俊臣，2011. 土地流转：工商资本下乡需规范［J］．红旗文稿（04）：14-16.
赵晓峰，赵祥云，2016. 农地规模经营与农村社会阶层结构重塑——兼论新型农业经营主体培育的社会学命题［J］．中国农村观察（06）：55-66.
郑洪涛，李锐，张蕙杰，2000. 80年代以来我国农业投资的总量与结构分析［J］．农业技术经济（06）：10-13.
郑风田，程郁，2005. 从农业产业化到农业产业区——竞争型农业产业化发展的可行性分析［J］．管理世界（07）：64-73.
钟甫宁，1997. 从需求角度看农业投资问题［J］．农业经济问题（03）：27-31.
钟甫宁，2015. 农业政策学（第二版）［M］．北京：中国农业出版社.
种效博，2014. 社会管理到社会治理的嬗变［J］．行政科学论坛（06）：9-12.
周飞舟，王绍琛，2015. 农民上楼与资本下乡：城镇化的社会学研究［J］．中国社会科学（01）：66-83.
周国梅，傅小兰，2002. 分布式认知——一种新的认知观点［J］．心理科学进展（02）：147-153.
周立群，曹利群，2001. 农村经济组织形态的演变与创新——山东省莱阳市农业产业化调查报告［J］．经济研究（01）：69-75.
周立群，曹利群，2002. 商品契约优于要素契约——以农业产业化经营中的契约选择为例［J］．经济研究（01）：14-19.
周立群，邓宏图，2004. 为什么选择了"准一体化"的基地合约——来自塞飞亚公司与农户签约的证据［J］．中国农村观察（03）：2-11.
周业安，赖步连，2005. 认知、学习和制度研究——新制度经济学的困境和发展［J］．中国人民大学学报（01）：74－80.
周振，涂圣伟，张义博，2019. 工商资本参与乡村振兴的趋势、障碍与对策——基于8省14县的调研［J］. 宏观经济管理（03）：58－65.
曾博，2018. 基于组织形态发展的工商资本下乡合作模式研究——兼论农户主体权益保障［J］. 学习与探索（03）：133－137.
曾进，2009. 企业风险倾向的跨国比较——基于前景理论视角［J］. 科学学与科学技术管理（05）：151－157.
Abebe，G. K.，Bijman，J.，Kemp，R.，Omta，O.，& Tsegaye，2013. A. Contract farming configuration：Smallholders' preferences for contract design attributes［J］. *Food policy*，40：14－24.
Ajzen，1991. The theory of planned behavior［J］. *British journal of social psychology*，40（4）：471.
Akiyama，T.，Tamura，Y.，Itoh，J.，Morita，H.，& Fuchibe，K，2006. Enantioselective Aza－Diels－Alder reaction catalyzed by a chiral Bronsted acid：Effect of the additive on the enantioselectivity［J］. *Chemischer informationsdienst*，37（21）：141－143.
Alchian，A. A.，& Demsetz，1972. H. Production，information costs，and economic organization［J］. *The American economic review*，62（5）：777－795.
Baker，M.，& Wurgler，J，2002. Market timing and capital structure［J］. *The journal of finance*，57（1）：1－32.
Binswanger，H. P.，Deininger，K.，& Feder，G.，1993. Agricultural land relations in the developing world［J］. *American journal of agricultural economics*，75（5）：1242－1248.
Burton，R. J.，2014. The influence of farmer demographic characteristics on environmental behaviour：A review［J］. *Journal of environmental management*，135（15）：19－26.
Coase，R. H.，1937. The nature of the firm［J］. *Economica*，4（16）：386－405.
Fehr，E.，Hart，O.，& Zehndera，C. A.，2011. Contracts as reference points—experimental evidence［J］. *The American Economic Review*，101（2）：493－525.
Grossman，S. J.，& Hart，O. D.，1983. An analysis of the principal－agent problem［J］. *Econometrica*（51）：7－45.
Grossman，S. J.，& Hart，O. D.，1986. The costs and benefits of ownership：A theory of vertical and lateral integration［J］. *The journal of political economy*，94（4）：691－719.
Hart，O.，1990. Is "bounded rationality" an important element of a theory of institutions?［J］. *Journal of institutional and theoretical economics*，146（4）：696－702.
Hart，O.，& Moore，J.，1990. Property rights and the nature of the firm［J］. *Journal of political economy*（6）：1119－1158.

Hart, O. , & Moore, J. , 1998. Default and renegotiation: A dynamic model of debt [J]. *The quarterly journal of economics*, 113 (1): 1-41.

Hart, O. , & Moore, J. , 2008. Contracts as reference points [J]. *The quarterly journal of economics*, 123 (1): 1-48.

Hobbs, J. E. , & Young, L. M. , 1999. Increasing vertical linkages in agrifood supply chains: a conceptual model and some preliminary evidence [J]. *Canadian Journal of Agricultural Economics*, 47 (4): 478.

Holmstrom, B, 1982. Moral hazard in teams [J] . *The Bell Journal of Economics*: 324-340.

Jensen, M. C. , & Meckling, W. H. , 1976. Theory of the firm: managerial behavior, agency costs and ownership structure [J] . *Journal of financial economics*, 3 (4): 305-360.

K. , L. K. , 1966. A new approach to consumer theory [J] . *Lecture notes in economics & mathematical systems*, 74 (2): 106-107.

Klein, B. , Crawford, R. G. , & Alchian, A. , 1978. A. Vertical integration, appropriable rents, and the competitive contracting process [J] . *The Journal of law & economics*, 21 (2): 297-326.

Leathers, H. D. , 1999. What is farming? Information, contracts, and the organization of agricultural production: discussion [J] . *American journal of agricultural economics*, 81 (3): 621-623.

Mahoney, J. T. , 1989. Organizational rationalization and innovation: Vertical integration and multidivisional organization [D]. Philadelphia: University of Pennsylvania.

Mahoney, J. T. , 1992. The choice of organizational form: vertical financial ownership versus other methods of vertical integration [J]. *Strategic management journal*, 13 (8): 559-584.

Mirrlees, J. , 1974. Notes on welfare economics, information and uncertainty [J] . *Essays on economic behavior under uncertainty*: 243-261.

Murphy, G. , S. Hynes, E. Murphy, C. , 2011. O'Donoghue, and S. Green. Assessing the compatibility of farmland biodiversity and habitats to the specifications of agri-environmental schemes using a multinomial logit approach [J] . *Ecological Economics* (71): 111-121.

Poppo, L. , & Zenger, T. , 2002. Do formal contracts and relational governance function as substitutes or complements? [J] . *Strategic management journal*, 23 (8): 707-725.

Roumasset, J. A. , 1976. Rice and risk: decision making among low-income farmers, *Journal of development economics*, 4 (2): 198-200.

Tirole, J. , 1999. Incomplete contracts: Where do we stand? [J] . *Econometrica*, 67 (4):

741 - 781.

Walker, G. , & Weber, D, 1984. A transaction cost approach to make - or - buy decisions [J] . *Administrative science quarterly*: 373 - 391.

Wang, H. H. , Wang, Y. , & Delgado, M. S, 2014. The transition to modern agriculture: contract farming in developing economies [J] . *American journal of agricultural economics*, 96 (5): 1257 - 1271.

Williamson, O. E. , 1971. The vertical integration of production: market failure considerations [J] . *The american economic review*, 61 (2): 112 - 123.

Williamson, O. E, 1975. Markets and hierarchies [M]. *New York*.

Williamson, O. E, 1979. Transaction - cost economics: the governance of contractual relations [J] . *The journal of law & economics*, 22 (2): 233 - 261.

Williamson, O. E, 1985. The economic intstitutions of capitalism [M]. Free press.

Williamson, O. E, 1991. Comparative economic organization: The analysis of discrete structural alternatives [J] . *Administrative science quarterly*: 269 - 296.

Williamson, O. E, 1996. The mechanisms of governance [M] . Oxford University Press.

Williamson (威廉姆森), 2001. 治理机制 [M] . 北京：中国社会科学出版社.

Winson, A, 1990. Capitalist Coordination of Agriculture: Food Processing Firms and Farming in Central Canada1 [J] . *Rural sociology*, 55 (3): 376 - 394.

Wilson, G. A. , and K. Hart, 2000. Financial imperative or conservation concern? EU farmers' motivations for participation in voluntary agri - environmental schemes [J]. *Environment and planning A*: 2161 - 2185.

Zheng, X. , Vukina, T. , & Shin, C, 2008. The role of farmers' risk aversion for contract choice in the US hog industry [J] . *Journal of agricultural & food industrial organization*, 6 (1).

附录A　工商资本投资现代农业现状的调查问卷

问卷编号：__________

调研人员：__________

调研地点：________省________市________县（乡）

调研时间：__________

调研对象名称：____________________

一、投资主体基本情况

Q1－1. 主要投资者的个人情况

性别	年龄	学历	户籍类型

Q1－2. 成立时间（　　）注册资本（　　）已投入金额（　　）

Q1－3. 投资主体的资本类型（　　）

1. 私人资本　2. 国有资本　3. 集体投资　4. 外商资本
5. 其他（　　）

Q1－4. 投资者原所在行业（　　）

1. 农林牧渔业　2. 制造业　3. 建筑业　4. 采矿业　5. 外贸
6. 咨询与商务服务　7. 餐饮　8. 批发零售
9. 能源（水电风燃气等）　10. 其他（　　）

Q1－5. 投资的经济组织的类型（　　）

1. 合作社　2. 民营企业　3. 国有企业　4. 外资企业　5. 家庭农场
6. 其他（　　）

如果回答合作社等请跳到Q1－8，如果为企业性质，请继续

Q1－6. 企业现有员工人数（　　）其中公司管理人员（　　）田间管理人员（　　）

Q1－7. 企业的业务范围（　　）

1. 生产＋销售　2. 农资销售　3. 批发转销　4. 生产＋加工＋销售

5. 其他（　　）

Q1－8. 合作社目前社员有多少（　　）？带动多少农户（　　）？多少村镇（　　）？合作社的主营业务范围（　　）

1. 生产＋销售　2. 农资销售　3. 批发转销　4. 生产＋加工＋销售

5. 其他（　　）

Q1－9. 企业所处的位置（　　）

1. 市区　2. 县城　3. 城郊　4. 农村　5. 其他（　　）

Q1－10. 公司与农民间的连接模式（　　）

1. 公司＋基地＋雇用农　2. 公司＋合作社＋农户

3. 公司＋基地＋合作社＋农户　4. 合作社＋基地＋雇用农

5. 合作社＋基地＋农户　6. 其他（　　）

Q1－11. 企业距省会城市的距离（　　）

1. 1小时高速　2. 2小时以内　3. 3小时以内　4. 4小时以内

Q1－12. 企业近几年的营利情况（单位：元）

2013年	2014年	2015年

二、项目地的资源禀赋情况

Q2－1. 在您投资前，项目地的道路类型（　　）

1. 无道路　2. 泥土路　3. 砂石路　4. 水泥路　5. 柏油路

Q2－2. 您觉得与其他地方相比，该地交通情况如何（　　）

1. 非常好　2. 比较好　3. 一般　4. 比较差　5. 非常差

Q2－3. 在您投资时，当地是否有灌溉设施（　　）

0. 没有　1. 有

如果有，当地的灌溉设施情况如何（　　）

1. 非常好　2. 比较好　3. 一般　4. 比较差　5. 非常差

Q2－4. 在您投资时，项目地基础设施是否完善？（　　）

0. 否　1. 是

如果是，存在以下哪些基础设施配备（　　）

1. 自来水　2. 电力　3. 网络　4. 其他（　　）

Q2－5. 项目地的电力供应情况如何（　　）

1. 非常好　2. 比较好　3. 一般　4. 比较差　5. 非常差

是否会停电（　　）

0. 不会　1. 会

如果会，是否是经常性停电（　　）

0. 不是　1. 是

Q2－6. 与周边村镇相比，项目所在地的耕地总量如何（　　）

1. 非常多　2. 比较多　3. 差不多　4. 比较少　5. 非常少

Q2－7. 与周边村镇相比，项目所在地的耕地质量如何（　　）

1. 非常好　2. 比较好　3. 一般　4. 比较差　5. 非常差

Q2－8. 与周边村镇相比，项目所在地的土地抛荒情况如何（　　）

1. 非常多　2. 比较多　3. 差不多　4. 比较少　5. 非常少

Q2－9. 与周边村镇相比，项目所在地的病虫害情况如何（　　）

1. 非常多　2. 比较多　3. 差不多　4. 比较少　5. 非常少

Q2－10. 与周边村镇相比，项目地的农村青壮劳动力数量（　　）

1. 非常多　2. 比较多　3. 差不多　4. 比较少　5. 非常少

Q2－11. 项目地耕地细碎化程度与其他地方相比（　　）

1. 非常高　2. 比较高　3. 差不多　4. 比较低　5. 非常低

Q2－12. 项目所在地在投资进入前，农地流转情况与其他村镇相比（　　）

1. 非常多　2. 比较多　3. 差不多　4. 比较少　5. 非常少

Q2－13. 项目所在地农户主要种植农产品是否和您一样（　　）

0. 不是　1. 是

如果是，项目地是否一直种植该农作物（　　）

0. 否　1. 是

如果是一直种植，最开始是由谁引入的（　　）

1. 政府部门　2. 村委会　3. 村小组　4. 种植能手　5. 其他（　　）

Q2－14. 项目地的农业机械化程度与其他地方相比（　　）

1. 非常高　2. 比较高　3. 差不多　4. 比较低　5. 非常低

Q2－15. 项目地的农民采用机械化生产是不是比其他村镇早？（　　）

0. 否　1. 是

三、产品购销及市场情况

Q3－1. 主要种植的农产品的基本情况

	水稻	小麦	蔬菜1	蔬菜2	蔬菜3	水果1	水果2	水果3	其他1	其他2	其他3
品种											
面积（亩）											
产量（斤/亩）											
单价（元/斤）											

Q3-2. 在市场上，贵公司生产的主要农产品（或同类农产品）的价格是否存在明显波动？（　　）

0. 没有　1. 有

如果有波动，在哪个区间（　　）

1. 10%　2. 10%～20%　3. 20%～30%　4. 30%～50%

5. 50%以上

Q3-3. 贵公司生产产品是否属于认证产品（　　）？

0. 不是　1. 是

如果是，是哪一种认证（　　）？

1. 地标产品　2. 无公害产品　3. 绿色产品　4. 有机产品

5. 其他（　　）

如果是，是否全部产品是认证产品（　　）

0. 不是　1. 是

Q3-4. 其中认证产品是否由您的公司/合作社自己生产（　　）

0. 否　1. 是

如果是，原因是什么（　　）

Q3-5. 当地消费者对认证农产品的认知情况如何？（　　）

1. 非常高　2. 比较高　3. 差不多　4. 比较低　5. 非常低

Q3-6. 认证农产品在当地是否有很多人购买？（　　）

1. 非常多　2. 比较多　3. 差不多　4. 比较少　5. 非常少

Q3-7. 您是否会收购合作农户的农产品（　　）

0. 不会　1. 会

Q3-8. 您是否会收购非合作农户的农产品（　　）

0. 不会　1. 会

如果调研对象不收购农户农产品，请跳至 Q3-13

Q3-9. 您在收购农产品的时候是否会先签订契约（　　）

0. 不会 1. 会

如果会，合同形式是怎样的（ ）？

1. 口头协议 2. 书面合同 3. 其他（ ）

Q3-10. 如果签订合同，合同期限长短（ ）

1. 短期合同 2. 长期合同

如果是短期合同的期限（ ），长期合同的年限（ ）

Q3-11. 您与农户签订合同后，采购价格是如何确定的（ ）

1. 双方商议 2. 参照以往价格 3. 市场价格

4. 企业自行确定 5. 其他（ ）

Q3-12. 当地是否有其他收购商收购农户产品（ ）

0. 没有 1. 有

如果有，你们之间竞争的激烈程度（ ）

1. 非常高 2. 比较高 3. 差不多 4. 比较低 5. 非常低

您是怎么应对其他收购商的竞争（ ）

1. 提高收购价格 2. 签订合同 3. 不采取任何措施

4. 其他（ ）

Q3-13. 您主要通过哪种方式销售您的产品（ ）

1. 经销商 2. 自建门店或加盟店 3. 批发商

4. 电商平台（ ） 5. 其他（ ）

Q3-14. 您的产品主要销往哪里（ ）

1. 本市 2. 相邻地市 3. 相邻省份 4. 沿海地区

5. 出口 6. 其他（ ）

Q3-15. 贵公司生产的农产品的目标市场是（ ）

1. 欧美日韩市场 2. 中国港澳市场 3. 超市

4. 农产品批发市场 5. 其他（ ）

Q3-16. 您觉得您的个人关系或者其他管理人员的社会关系对企业销售的作用如何（ ）

1. 非常大 2. 比较大 3. 一般 4. 比较小 5. 无帮助

Q3-17. 您是否向合作农户提供农资产品（ ）

0. 没有 1. 有

如果有，农资产品与市场价格相比（ ）

1. 高很多 2. 高一点 3. 差不多 4. 低一点 5. 低很多

Q3-18. 您销售农资给农户以后，农资款是怎么收回的（ ）

1. 出售时收回　2. 收购农产品时抵扣收购款

3. 售出时收回部分，其他抵扣农产品收购款　4. 其他（　　）

Q3－19. 您的产品是否能全部销售出去（　　）

0. 不能　1. 能

如果不能，大约有几成不能销售出去（　　），您觉得原因是什么（　　）

Q3－20. 为了销售您的产品您的公司或您尝试过哪些方式？

____

Q3－21. 您是否有想过扩大经营规模（　　）

0. 没有　1. 有

为什么？

____

四、土地流转及雇工情况

Q4－1. 公司是否有租赁流转土地（　　）

0. 没有　1. 有

如果有，您租赁的土地面积及租金情况，其中：

	耕地	山地（丘陵）	滩涂	河堤	其他
面积（亩）					
年租金（元/亩）					

Q4－2. 您在租赁土地时是否有签订合同（　　）

0. 没有　1. 有

如果有，您是和谁签订合同的（　　）

1. 县政府　2. 乡（镇）政府　3. 村委会　4. 村小组　5. 村民

Q4－3. 与其他地方相比，您觉得土地租金如何（　　）

1. 非常高　2. 比较高　3. 差不多　4. 比较低　5. 非常低

Q4－4. 您支付租金的形式是（　　）

1. 以固定数量粮食的总价折算　2. 固定价格以一定比率增长

3. 固定货币租金　4. 其他（　　）

Q4－5. 您转入的土地是否是连片的（　　）

0. 否　1. 是

您觉得连片是否必要（　　）

0. 没有　1. 有

为什么？

____

Q4－6. 土地租金的支付周期（　　）

1. 一次付清　2. 每 10 年一次　3. 每 5 年一次　4. 每 3 年一次

5. 每年 1 次　6. 每年 2 次　7. 其他（　　）

Q4－7. 您在流转土地时，是否有政府部门介入（　　）

0. 没有　1. 有

如果有，是哪级部门（　　）

1. 市政府　2. 县政府　3. 镇政府　4. 村委会　5. 其他（　　）

Q4－8. 您觉得政府部门对您租赁土地的帮助大不大（　　）

1. 非常大　2. 比较大　3. 一般　4. 比较小　5. 无帮助

Q4－9. 您在租赁土地的过程中是否有农户不愿意流转（　　）

0. 没有　1. 有

如果有，是什么原因（　　）您怎么解决的（　　）

Q4－10. 投资地与其他村镇相比，雇工是否相对容易（　　）

1. 非常容易　2. 比较容易　3. 差不多　4. 比较难　5. 非常难

Q4－11. 您的企业是否有雇用农民（　　）

0. 没有　1. 有

如果有，雇工是哪种类型（　　）

1. 长期雇用

2. 临时雇工　临时男工（　　）元/天　临时女工（　　）元/天

长期（　　）元/月

Q4－12. 您的雇工中是否有外地人（　　）

0. 没有　1. 有

如果有，是长期雇用还是临时雇用（　　）

0. 短期　1. 长期

Q4－13. 您的外地雇工是哪个地方的人（　　）

1. 相邻地市　2. 相邻县区　3. 相邻乡镇　4. 其他省份（　　）

为什么会雇用外地人？

____

Q4－14. 本地雇工的工资与外地雇工相比（　　）

1. 高很多　2. 高一点　3. 差不多　4. 低一点　5. 低很多

为什么？（　　）

Q4－15. 贵公司是否和自己的农民雇工签订劳务合同（　　）

0. 没有　1. 有

Q4－16. 贵公司除了支付被雇用的农民工资以外，是否有其他福利？（　　）

0. 没有　1. 有

如果有，有哪些福利？（　　）

1. 养老保险等社会保障金　2. 分红　3. 其他（　　）

Q4－17. 您觉得当地的雇工成本高吗？（　　）

1. 非常高　2. 比较高　3. 差不多　4. 比较低　5. 非常低

Q4－18. 您是否有投资项目地的基础设施（　　）

0. 没有　1. 有

如果有，您投资的是哪种类型（　　）（可多选）

1. 道路　2. 水利灌溉设施　3. 土地平整　4. 其他（　　）

Q4－19. 您是否有投资建设冷库、仓储等设施（　　）

0. 没有　1. 有

如果有，是哪一（或几）种（　　），投资金额是多少（　　）

Q4－20. 您是否有购置农业机械设备（　　）

0. 没有　1. 有

如果有，是哪种类型（　　），金额多少（　　）

五、制度因素与社区环境

Q5－1. 您是当地人吗？（　　）

0. 不是　1. 是

Q5－2. 您觉得当地的民风如何（　　）

1. 非常好　2. 比较好　3. 一般　4. 比较差　5. 非常差

Q5－3. 您觉得与当地农户的关系好相处吗？

1. 非常好　2. 比较好　3. 一般　4. 比较难　5. 非常难

Q5－4. 您在项目地是否有亲戚朋友？（　　）

0. 没有　1. 有

Q5－5. 您有亲戚或者朋友在当地乡镇任职吗？

0. 没有　1. 有

Q5－6. 您有亲戚或者朋友在当地任村干部吗？

0. 没有　1. 有

Q5－7. 您经常与当地村民联系吗？

1. 非常多　2. 比较多　3. 一般　4. 比较少　5. 非常少

Q5－8. 您经常与当地村委会联系吗？

1. 非常多　2. 比较多　3. 一般　4. 比较少　5. 非常少

Q5－9. 您和当地农业部门联系多吗？

1. 非常多　2. 比较多　3. 一般　4. 比较少　5. 非常少

Q5－10. 项目地是否存在行业协会？(　　)

0. 没有　1. 有

如果有，政府对农业协会发展的支持力度（　　）

1. 非常大　2. 比较大　3. 一般　4. 比较小　5. 非常小

Q5－11. 与其他地市相比，当地政府农业财政投入程度怎样（　　）

1. 非常多　2. 比较多　3. 一般　4. 比较少　5. 非常少

Q5－12. 项目地政府提供的农业财政补贴的项目多不多（　　）

1. 非常多　2. 比较多　3. 一般　4. 比较少　5. 非常少

Q5－13. 企业是否有获取补贴（　　）

0. 没有　1. 有

如果有，是哪种类型（　　）

1. 贴息贷款　2. 土地流转补贴　3. 农业设施建设补贴

4. 农业设备购置补贴　5. 以奖代补　6. 农产品保护价格补贴

7. 获得“三品一标”认证（绿色、无公害、有机农产品、地理标志农产品）补贴　8. 其他

Q5－14. 企业是否是行业协会成员（　　）

0. 不是　1. 是

如果是，是否是行业协会理事长或副理事长企业，或者企业投资者是否是理事长或者副理事长（　　）

0. 不是　1. 是

Q5－15. 当地政府对现代农业投资的支持方式有哪些？(可多选)

1. 财政补贴　2. 农业部门定期技术指导　3. 政府领导挂点关注

4. 组织无偿培训　5. 无偿提供种苗　6. 其他（　　）

六、技术采用与环境保护

Q6－1. 您/企业/合作社原来从事的行业与农业项目的技术相关吗？

0. 否　1. 是

Q6－2. 您是如何进行选用种子的（　　）

1. 朋友推荐　2. 媒体介绍　3. 农资经销商推荐　4. 农技人员推荐
5. 农业部门推荐　6. 自选　7. 其他（　　）

Q6－3. 您是否会将这些品种推荐给其他农户（　　）

0. 不会　1. 会

Q6－4. 您知不知道这些品种是什么机构研发的（　　）

1. 公司 2. 高校　3. 农业科研机构　4. 种子基地　5. 其他（　　）

Q6－5. 您选的这些品种是哪种类型的（　　）

1. 高产型　2. 抗虫型　3. 抗旱型　4. 高品质　5. 其他（　　）

Q6－6. 您是否会请专家（种植能手）进行技术指导（　　）

0. 不会　1. 会

如果有，您觉得作用大不大（　　）

1. 非常大　2. 比较大　3. 一般　4. 比较小　5. 无帮助

Q6－7. 您/企业/合作社是否会尝试采用新品种？（　　）

0. 不会　1. 会

如果会，您倾向于采用哪种类型的品种（　　）

1. 高产型　2. 抗虫型　3. 抗旱型　4. 高品质　5. 其他（　　）

Q6－8. 您会不会向农户提供技术指导（　　）

0. 不会　1. 会

如果会，您会把这些技术提供给哪些农户？

1. 合作社成员　2. 签约农户　3. 任何农户　4. 其他（　　）

Q6－9. 贵公司针对农户会提供哪些培训？（　　）

1. 技术培训　2. 操作流程培训　3. 管理培训　4. 其他（　　）

您认为开展这些技术培训是否有用？

1. 非常大　2. 比较大　3. 一般　4. 比较小　5. 无帮助

Q6－10. 您是否有使用高毒农药（　　）？

0. 没有　1. 有

Q6－11. 您是否有农药使用指南（　　）

0. 没有　1. 有

如果有，贵公司是否严格按照使用指南操作（　　）

0. 没有　1. 有

Q6－12. 贵公司是否对土壤肥力等进行改良（　　）

0. 没有　1. 有

Q6－13. 贵公司是否使用有机化肥（　　）

0. 没有　1. 有

Q6－14. 贵公司是否有轮作计划（　　）

0. 没有　1. 有

如果有，是否严格按照计划执行（　　）

0. 没有　1. 有

Q6－15. 贵公司有没有环境保护方面的计划（　　）

0. 没有　1. 有

如果有，是否严格按照计划执行（　　）

0. 没有　1. 有

七、对合作农户的支持及其他情况

Q7－1. 目前与您直接合作的农户有多少（　　）

间接带动农户有多少（　　）

Q7－2. 您会要求合作农户进行相应的投资吗?（　　）

0. 没有　1. 有

如果有，主要是哪些方面的投资（　　）

1. 专用农资　2. 农业基础设施　3. 生产技术培训

4. 农业机械　5. 其他（　　）

Q7－3. 您会向项目地有资金需求的农户提供资金支持吗?（　　）

0. 不会　1. 会

Q7－4. 您会为项目地农户提供银行贷款担保吗?（　　）

0. 不会　1. 会

Q7－5. 合作农户主要是项目地所在村落的农户吗?（　　）

0. 不是　1. 是

Q7－6. 农户会主动加入贵公司的项目吗?（　　）

0. 不会　1. 会

Q7－7. 合作农户会主动与贵公司签订购销协议或合同吗?（　　）

0. 不会　1. 会

Q7－8. 农户守约情况如何（　　）

1. 非常好　2. 比较好　3. 一般　4. 比较差　5. 非常差

Q7－9. 贵公司会向签约农户返利吗（　　）

0. 不会　1. 会

八、投资农业的认知及发展意愿

Q8－1. 您为什么会选择农业进行投资？（或是什么原因吸引您投资农业？）

Q8－2. 您会坚持做农业项目吗？

1. 非常坚持　2. 比较坚持　3. 看情况　4. 有点不想做了　5. 决定放弃

Q8－3. 您觉得农业项目有哪些风险？

Q8－4. 在您投资的过程中，遇到哪些困难？您是怎么解决的？

Q8－5. 您认为政府支持资本发展现代农业的过程中，应该如何发挥作用？加强哪些方面的工作？

1. 协助解决用地指标或是土地流转。
2. 加强市场规范建设。
3. 协助农产品的销售。
4. 提供相关技术指导。
5. 协助解决资金问题如贷款难等。

附录B　农户参与农业项目调查问卷

一、被调查村基本情况（请在合适的答案上打√，或在____上填写相关信息）

Q1－1. 本村的道路类型________

1. 无道路　2. 泥土路　3. 砂石路　4. 水泥路　5. 柏油路

Q1－2. 本村存在以下哪些基础设施配备________

1. 自来水　2. 电力　3. 通信　4. 网络　5. 其他

Q1－3. 本村电力供应情况________

1. 从来不会停电　2. 有时停电　3. 经常性停电

Q1－4. 本村的灌溉设施情况如何________

1. 非常好　2. 比较好　3. 一般　4. 比较差　5. 非常差

Q1－5. 本村农民采用机械化生产是不是比周边镇早？________

0. 否　1. 是

Q1－6. 本村农户的家庭收入中非农收入所占的比例________%；

题号	与周边镇相比，当地的情况	填写	参考答案选项
Q1－7	本村的耕地总量		1. 非常多（好） 2. 比较多（好） 3. 差不多 4. 比较少（差） 5. 非常少（差）
Q1－8	本村的耕地质量		
Q1－9	本村的农地流转情况		
Q1－10	本村的土地抛荒情况		
Q1－11	本村耕地细碎化程度		
Q1－12	本村的病虫害情况		
Q1－13	本村的农业机械化程度		
Q1－14	本村的农村青壮年劳动力数量		
Q1－15	企业在当地投资农业项目的数量		

Q1－16. 企业投资农业主要集中在什么产业？

1. 蔬菜　2. 花卉　3. 水果　4. 林下经济　5. 粮食作物

6. 禽畜　7. 林业　8. 其他

二、被调查农户的情况（按户籍人口回答）

Q2－1. 户主年龄________岁

Q2－2. 户主的受教育年限________年

Q2－3. 户主有过外出打工或经商的经历吗？　0. 没有　1. 有

Q2－4. 您家共有________人，其中劳动力（16～60岁）有________人

Q2－5. 家里务农人数________人。其中①女性________人；②50岁以上有________人

Q2－6. 现总耕种面积________亩，其中从别人转（租）入的面积________亩，出租面积________亩

Q2－7. 家庭年总收入（2015年）________元，
其中农业占全家总收入的比例为________（%）

三、农户农业生产和销售情况

（1）农业生产情况

Q3－1. 目前您家主要种植什么农作物？（限选一种）农作物名称：________

Q3－2. 您家生产该农作物至今已有几年了？________年

Q3－3. 您家生产该农作物，有专门的农业设施投入（如大棚、农具、农业机械等）吗？
0. 否　1. 如果有，您家已累计投入________元

您家在目前生产经营过程中面临的主要困难有哪些？
（请按问题大小程度在1、2、3、4、5中选一项打“√”）

题项	主要困难	没有困难	较小	比较困难	较大	很大
Q3－4	农业生产资料供应	1	2	3	4	5
Q3－5	土地规模	1	2	3	4	5
Q3－6	技术	1	2	3	4	5
Q3－7	资金	1	2	3	4	5
Q3－8	产品销售	1	2	3	4	5
Q3－9	当地农业设施	1	2	3	4	5

目前下列组织为您家提供支持吗？* （填“是”或“否”）
您的满意程度如何？（请按问题大小程度在 1、2、3、4、5 中选一项打“√”）

题项	服务供给主体	是否提供支持	非常不满意	不满意	比较满意	满意	非常满意
Q3 - 10	企业		1	2	3	4	5
Q3 - 11	合作社		1	2	3	4	5
Q3 - 12	村委会		1	2	3	4	5
Q3 - 13	供销社		1	2	3	4	5
Q3 - 14	乡镇政府		1	2	3	4	5
Q3 - 15	农业局（农业技术推广部门）		1	2	3	4	5
Q3 - 16	高校、科研机构		1	2	3	4	5

（2）农产品销售情况

Q3 - 17. 当地市场上，该农产品的销售价格是否存在明显的波动________

0. 没有　1. 有

Q3 - 18. 如果有波动，在哪个区间________

1. 10%以内　2. 10%～20%　3. 20%～30%
4. 30%～50%　5. 50%以上

Q3 - 19. 该农产品主要用于家庭消费还是用于对外销售？________

1. 家庭消费　2. 对外销售

→如果选择家庭消费，请跳至问卷第四部分。如果选择对外销售，请继续。

Q3 - 20. 2015 年，您家生产的该农作物总产量中，用于销售的比例大约为________（%）

Q3 - 21. 2015 年，您家销售的该农作物中，销售的途径和比例分别为？

销售途径	比例	销售途径	比例
自己走村销售		当地农贸市场销售	
商贩收购		专业大户收购	
企业收购		合作社收购	
供销社收购		其他	

* 免费和付费的支持项目均纳入考虑，具体内容包括：农资供应、生产环节服务、技术指导和培训、资金支持和解决销售渠道。

Q3－22. 您家生产的农产品最终销往什么地方？

1. 农产品批发市场 2. 超市 3. 中国港澳市场

4. 欧美日韩市场 5. 不知道

Q3－23. 来自该农产品的销售收入占您家全年总收入的比例大约为________（%）

四、农户参与农业项目情况

Q4－1. 您在目前农产品生产和销售过程中，是否与企业合作*？________

0. 没有 1. 有

→如果没有，请回答Q4－2至Q4－3，然后请跳至Q5－1；如果有，请跳至Q4－4。

Q4－2. 没有合作的原因是什么？________

1. 没有机会 2. 好处不明显 3. 手续太复杂

4. 自己规模太小，对方不感兴趣

5. 企业不可靠 6. 没这个必要 7. 其他

Q4－3. 今后有没有想与企业合作？________

1. 近期要加入 2. 有这个想法 3. 没这个打算

Q4－4. 合作企业的名称是________

（如果通过合作社合作并且不了解企业情况，请填写合作社名称）

Q4－5. 您与企业合作的形式？________

1. 直接合作 2. 通过合作社合作 3. 通过协会合作

4. 通过村委会合作

Q4－6. 您家与企业合作包括哪些方面？（可多选）________

1. 出租土地给企业 2. 到企业的生产基地工作

3. 多余的农产品卖给企业 4. 按企业要求生产农产品并卖给企业

5. 合作社统一卖农产品给企业 6. 以________作价入股企业

Q4－7. 您与企业合作的理由是什么？（可多选）________

1. 确保稳定的产品销路 2. 稳定产品价格，降低市场风险

3. 获得农资供应 4. 获得技术支持 5. 提高产品品质和竞争力

6. 获得工资收入 7. 获得地租收入 8. 看到很多人都参加

---

* 农民与企业包括①直接合作②与企业领办合作社合作③通过农民专业合作社间接与企业合作④通过协会等中介组织与企业合作。

9. 企业引导　10. 村委会引导　11. 乡镇政府引导

Q4-8. 您信任企业吗？________

1. 非常信任　2. 比较信任　3. 一般　4. 比较不信任　5. 不信任

Q4-9. 为什么？________

1. 企业老板是本地人　2. 企业老板对本村帮助很大

3. 企业老板是外地人　4. 其他

→如果您家出租土地给企业，请回答 Q4-10 至 Q4-16；

→如果您家有人到企业的生产基地工作，请回答 Q4-17 至 Q4-22；

→如果您家按企业要求生产农产品并卖给对方，请回答 Q4-23 至 Q4-54。

（1）农户与企业的土地租赁契约

Q4-10. 您家出租土地给企业吗？________

0. 没有　1. 有

Q4-11. 如果有，您出租的土地面积及租金情况，其中：________

	耕地①	耕地②	耕地③	山地①	山地②	滩涂	河堤	其他
面积								
年租金（每亩）								
出租时间（年）								

Q4-12. 企业多久付一次租金？________

1. 一次付清　2. 每 10 年一次　3. 每 5 年一次　4. 每 3 年一次

5. 每年 1 次　6. 每年 2 次　7. 其他

Q4-13. 您家签了书面的土地租赁合同吗？________

0. 没有　1. 有

Q4-14. 如果有，是跟谁签订合同的？________

1. 村小组　2. 村委会　3. 乡（镇）政府　4. 合作社　5. 协会

Q4-15. 您对土地租赁合同（口头或书面合同）满意吗？________

0. 不满意　1. 满意

Q4-16. 如果不满意，原因是什么？（可多选）________

1. 租金低　2. 流转时间长　3. 希望自己种　4. 希望流转给其他人

5. 可能会破坏土地或改变土地用途　6. 其他

（2）农户和企业的劳动力雇用契约

Q4-17. 您家有人闲时去企业干活吗？工资约________元/日________

Q4-18. 您家有人长期在企业干活吗？________

0. 没有　1. 有，________人，岗位和工资分别为：

①从事________岗位，约________元/月；

②从事________岗位，约________元/月；

③从事________岗位，约________元/月。

Q4－19. 长期工是否签订劳务合同？________

0. 没有　1. 有

Q4－20. 除了工资外，是否还有其他福利？________

0. 没有　1. 有

Q4－21. 如果有，有哪些福利？________

1. 医疗保险、养老保险等社会保障金　2. 分红　3. 其他

Q4－22. 您对企业的工资收入满意吗？________

0. 不满意　1. 满意　2. 非常满意

（3）订单农业

Q4－23. 您家是否销售农产品给企业？________

0. 没有　1. 有

Q4－24. 您家是如何与企业达成销售意向的？________

1. 直接与对方合作　2. 通过村小组　3. 通过村委会

4. 通过乡（镇）政府　5. 通过合作社　6. 通过协会

Q4－25. 您家一般是在什么时候与企业确定销售关系？________

1. 在农产品生产开始以前　2. 生产过程中

3. 在农产品采摘前　4. 在农产品收获后

Q4－26. 您家与对方确定的（口头或书面）协议规定了哪些内容？（可多选）________

1. 价格　2. 数量　3. 耕种面积

4. 质量规格标准（或按农产品等级收购）

5. 收购的时间　6. 货款的支付　7. 其他

Q4－27. 协议条款是如何制定的？________

1. 完全由对方说了算　2. 双方协商制定　3. 由我家说了算

Q4－28. 通过订单销售的农产品占您家总产量的比例为________%

Q4－29. 您家与企业达成协议的具体形式为：________

1. 口头协议　2. 书面协议

Q4－30. 您家与对方商定的协议期限一般为多长时间？________

1. 1年以内　2. 1～2年　3. 2～3年　4. 3年以上

Q4－31. 企业要求您进行相应的投资吗？________

0. 没有　1. 有

Q4－32. 如果有，主要是哪些方面的投资？已经投入________元

1. 专用农资　2. 农业基础设施　3. 生产技术培训

4. 农业机械　5. 其他

订单价格与市场价格的差距情况和货款支付方式		填写序号	参考选项
Q4－33	目前您家与对方签订的订单价格		1. 随行就市　2. 保底收购，随行就市 3. 固定价格　4. 高于市场价格且幅度在5%以内　5. 高于市场价格且幅度大于5% 6. 其他
Q4－34	您希望与对方签订的订单价格		
Q4－35	目前与对方签订的货款支付方式		1. 一手交钱一手交货　2. 签订合同时，预付定金，销后支付余款　3. 产品销出后，扣除手续费，支付销售款　4. 其他方式
Q4－36	希望的货款支付方式		

Q4－37. 企业为您提供的服务有哪些？（可多选，没有提供服务则在第7选项填“无”）________

1. 免费提供优质种苗（种子）　2. 集中购买种子种苗

3. 集中购买或提供农资　4. 市场或销售信息

5. 在生产过程中提供技术指导或培训

6. 资金支持（包括赊销种苗、饲料等）　7. 其他

Q4－38. 企业规定了生产的标准和要求吗？________

0. 没有　1. 有

Q4－39. 如果有，您按照企业的要求生产吗？________

1. 完全按企业要求　2. 不完全按企业要求　3. 完全不按企业要求

Q4－40. 企业在生产过程中会经常来检查吗？________

0. 不会　1. 会

Q4－41. 在订单履行过程中，如果发生争议，通过哪种途径解决的？________

1. 通过法院解决　2. 通过第三方协调解决

3. 双方协商解决　4. 发生后难以解决

Q4－42. 您会履行合约吗？________

1. 严格履行　2. 看情况　3. 不履约

Q4－43. 如果没有履约，主要原因是什么？________

1. 产品质量不符合企业要求　2. 市场收购价更高，卖给别人

3. 数量不够，企业拒收　4. 交货时间不及时，企业拒收

5. 企业先不守信用　6. 合同不合理　7. 遇上自然灾害

通过与企业合作，您家得到了下列哪些好处？
(请按得到好处的大小在 1、2、3、4、5 中选一项打“√”)

题项		没有好处	好处很小	好处一般	好处较大	好处很大
Q4－44	降低生产资料费用	1	2	3	4	5
Q4－45	稳定销售渠道，降低销售费用	1	2	3	4	5
Q4－46	提高农产品质量	1	2	3	4	5
Q4－47	稳定产品销售价格	1	2	3	4	5
Q4－48	提高产品销售价格	1	2	3	4	5

Q4－49. 如果农户违约，违约后有没有惩罚措施？________

1. 没有任何惩罚　2. 再次定合同时被拒绝

3. 再次订合同条件更苛刻

4. 被迫支付违约金，但违约金比获利小

5. 被迫支付违约金，但违约金比获利大　6. 其他

Q4－50. 企业有没有发生过不按协议（合同）办事的情况？________

0. 没有　1. 有　具体表现为：

1. 以________理由完全拒收　2. 降低价格　3. 压低等级　4. 其他

Q4－51. 企业违约后是否赔偿？________

1. 没有任何赔偿　2. 按照合同规定赔偿　3. 企业随便给一点补偿

4. 按一定的损失比例赔偿　5. 其他

Q4－52. 您认为与企业达成的书面合同（或口头协议）主要存在哪些问题？________

1. 合同不完善　2. 合同不严格　3. 合同不平等　4. 合同期限太长

5. 合同期限太短　6. 其他

Q4－53. 您愿意与现在的企业合作吗？________

1. 愿意继续与现有企业合作　2. 合同结束后不合作　3. 不合作

Q4-54. 如果不愿意，可以自由退出吗？________

0. 不可以　1. 有条件退出　2. 可以

（4）合作社等中介组织发挥的作用

Q4-55. 在外来企业下乡的过程中，您通过合作社、协会等中介组织与企业合作吗？________

0. 没有　1. 有

Q4-56. 如果有，您觉得中介组织的作用大吗？________

1. 没什么作用　2. 有些作用　3. 一般　4. 发挥较大作用

5. 发挥很大的作用

Q4-57. 中介组织在哪些方面发挥作用呢？（可多选）________

1. 更好地与企业沟通　2. 更好地组织农户　3. 没有发挥作用

4. 在生产环节发挥作用　5. 在销售环节发挥作用

五、农民对企业投资农业的认知

Q5-1. 您目前把土地出租给谁？________

1. 亲朋好友　2. 种植大户　3. 家庭农场　4. 企业

5. 合作社　6. 没有出租

Q5-2. 您最愿意把土地出租给谁？________

1. 亲朋好友　2. 种植大户　3. 家庭农场　4. 企业　5. 合作社

Q5-3. 如果把土地出租给企业，您最关心的问题是什么？________

1. 土地使用用途的改变　2. 土地复垦难度　3. 土地租金涨幅

4. 土地租金的收取　5. 其他

Q5-4. 您最愿意与企业合作的形式？（可多选）________

1. 在企业生产基地上班，领取工资

2. 按企业要求生产农产品，销售给企业

3. 生产农产品，通过合作社销售给企业

4. 出租土地给企业，获得租金

5. 把多余的农产品卖给企业

6. 以________作价入股企业，共同发展

7. 其他

Q5-5. 您希望企业在以下哪些方面发挥作用？________

1. 组织生产资料供应　2. 组织农产品市场营销

3. 组织农业生产经营　4. 技术支持　5. 组织农地流转

题项	同意下列的说法吗？ （根据右边的答案，在对应的空格打“√”）	① 不同意	② 部分同意	③ 同意
Q5-6	企业投资农业，改善了村里的基础设施			
Q5-7	企业投资农业，促进了村里就业			
Q5-8	企业投资农业，提高了农民的收入			
Q5-9	企业投资农业，提高了当地农产品的市场知名度			
Q5-10	企业投资农业，带动当地相关产业的发展			
Q5-11	企业投资农业，占用了村里的资源 （流转了大量土地）			
Q5-12	企业投资农业，村里的管理事务企业说了算			

Q5-13. 企业投资农业，您最关注的问题是什么？（请排序）________

1. 土地用途是否改变　2. 能否增加就业　3. 能否提高收入
4. 能否促进农业发展　5. 能否改善村里的基础设施
6. 是否占用村里资源　7. 是否干涉农村治理